Mon âme, parle-moi...

ISBN : 978-2-36188-875-6

www.editions-tredaniel.com
info@guytredaniel.fr
www.facebook.com/tredanieleso
@tredaniel_eso

SARAH DIVINÉ

Mon âme, parle-moi...

pour mieux comprendre les raisons de mon incarnation sur Terre

ÉDITIONS
EXERGUE
27, rue des Grands-Augustins
75006 Paris

Sommaire

Introduction

Ce livre reflète un dialogue entre mon âme et mon esprit pensant. Il m'a aidée à me recentrer et à accueillir plus facilement les épreuves que je traversais. J'ai regroupé les réponses aux questions les plus courantes que je me posais sur la vie, le but de notre venue sur Terre et le sens de mes épreuves.

L'âme apprend de son séjour sur Terre et elle se souvient parfois de qui elle fut dans ses vies passées afin de continuer à apprendre qui elle *est* ici sur Terre.

Chacun peut entamer un tel dialogue afin de répondre à ses questions telles que :

- Pourquoi mon âme s'est-elle incarnée sur Terre ?
- Pourquoi je doute parfois sur mon chemin ?
- Comment se relier à mon âme et entendre ses messages pour évoluer ?

Se relier à elle reste à la fois un défi et une ressource quotidienne.

Notre esprit pensant, appelé également « mental », nous aide à réfléchir, à faire la différence entre nous et les autres. Quand il stresse en songeant à ses actes passés ou aux aléas de l'avenir le concernant directement lui ou sa famille et ses proches, il se déconnecte facilement de son âme et perd alors sa foi, sa confiance et sa sagesse.

Quand les épreuves sont accueillies et transformées, elles nous aident à grandir, à nous rapprocher de nous-mêmes et à évoluer. Alors que notre esprit pensant aimerait que tout soit parfait, conforme à ses visions, l'âme a la sagesse d'intégrer le résultat quand il n'est pas conforme à ces visions et nous aide à continuer d'avancer sur le chemin.

En restant à l'écoute de votre âme, vous êtes accompagné en permanence et recevez de l'aide dans vos prises de décision afin d'avancer avec plus de légèreté.

Vous pouvez parcourir ce dialogue du début à la fin ou vous poser une question, respirer et ouvrir le livre à la page correspondante, lire le passage et sentir s'il résonne.

Votre âme aime l'aventure et vous pousse quelquefois à sortir de votre zone familière. En lâchant des croyances limitantes et en suivant votre âme, vous gagnerez en légèreté et en joie de vivre.

CHAPITRE

1

Le but de l'âme

Sarah : Mon âme, j'aimerais écrire un livre où tu nous partages tes aventures, tes expériences et tes apprentissages sur la vie. Ma première question est : « Quels sont ton but et le sens de ta venue sur Terre ? »

Âme : Tout est UN et rien n'est séparé. Je viens, ici sur Terre, pour vivre une multitude d'expériences qui m'aident à me rapprocher de moi-même et à découvrir qui je suis. Cette expérience est hors du temps et je vis simultanément plusieurs facettes de moi-même. Chaque vie m'aide à grandir et à évoluer. Je connais et j'ai emprunté tous les chemins possibles. Ayant vécu une multitude d'expériences de vie sur Terre et sur d'autres planètes, je vis simultanément dans la lumière et dans l'ombre car les deux font partie du chemin.

Je suis également en étroite collaboration avec d'autres âmes, sur Terre et ailleurs, que vous appelez quelquefois

« âmes sœurs » ou « famille d'âmes ». Avec elles, je forme une énergie « Super Âme » qui nous aide à nous soutenir et à nous épauler dans nos chemins de vie.

Je suis en contact avec elles en permanence. Par exemple, je suis étroitement liée à l'âme des dauphins et des baleines. Elles m'aident à me recentrer, à apaiser mes émotions, à communiquer avec d'autres êtres de lumière et à aller dans les profondeurs de ma sagesse.

C'est pour cela que, depuis ton enfance, tu es attirée par les dauphins. Ils ont cette énergie de joie qui t'appelle et te nourrit. Tu es, toi aussi, faite de cette énergie.

Je parlerai dans ce livre d'expériences, de connexion au temps et d'évolution. Cher lecteur, lis ces mots en sachant que je m'adresse simultanément à Sarah et à toi car vous provenez de la même source, au-delà du temps et de l'espace.

Ressens ce qui résonne
comme étant juste en toi.
Ouvre tes perceptions à la lecture de ces mots
et relis les passages qui te font le plus vibrer.

Ce livre contient des enseignements qui te sont destinés. Sois fier du chemin parcouru et de ton courage de venir sur Terre, de vivre une expérience unique où tu choisis la lumière, tout en aimant l'ombre.

Cher ami, continue de t'offrir des moments de calme intérieur pour être, toi aussi, connecté à ton âme. Elle est cette source de lumière qui t'aide à choisir les chemins les plus justes et les plus fluides. Accorde-toi ces moments de pause pour célébrer la vie et aimer profondément qui tu ES.

Ouvre ton cœur à ce que tu ne connais pas encore et respire. Ton corps connaît le chemin car la vie circule en lui. Fais-lui confiance et laisse-toi guider. Accueille dans tout ton être ton incapacité à contrôler la vie, mais, au contraire, embrasse-la et chéris-la. Ton âme est là pour te guider. Lâche prise et souris. Laisse-toi aller et choisis de vivre une vie incarnée remplie de joie, de légèreté et d'apprentissage.

À chaque fois que tu t'offres du recul sur ta vie, que tu t'autorises à calmer ton esprit pour écouter ton âme, tu grandis. Lève la tête et regarde au loin. Un jour, tu traverseras ce passage de la mort pour retrouver la lumière divine, le Grand-Tout ou Dieu.

Chaque matin, demande-toi : « Qu'est-ce qui me ferait plaisir de vivre aujourd'hui ? » Sois cet être divin qui fait l'expérience de qui il EST sur Terre. Tu n'es pas un simple acteur. Tu es le réalisateur de ton propre film, le producteur qui communique avec l'Univers.

Écoute profondément cette petite voix intérieure, même si elle ne correspond pas aux conseils de tes proches. Suis ta propre voie et apprécie le chemin. Les questions s'envolent dans cet espace de calme. Seule la présence est là.

La vie sur Terre peut être légère et joyeuse. Choisis ce chemin d'amour de toi-même et de guérison intérieure. Suis ta propre voie. Il est plus facile d'être pleinement soi que de faire semblant d'être un autre.

Aie foi en ce qui te conduit et sache que la lumière est toujours présente en toi. L'ombre et la lumière ne font qu'UN. Aime l'ombre autant que la lumière.

Quand tu as des moments de doute dans ta vie, pose-toi. Respire et mets une main proche de ton cœur. Écoute-le battre et répète : « Je suis en vie, merci. Je suis en vie, merci. » Puis demande-lui : « Mon âme, quel est ton message pour moi maintenant ? » Attends un peu et laisse venir une réponse. Fais-toi confiance et entraîne-toi. Tu es ton âme. Tu es la Super Âme. Tu es le Grand-Tout.

Tout est là, présent. Pose-toi et écoute. Savoure ce silence intérieur qui apaise et te ramène chez toi.

S : J'aime ressentir ta présence et ce calme intérieur quand j'écris. Dans cet espace, je n'ai plus de questions et me sens en sécurité. Je me sens en vie et en paix.

Â : Ce livre sera lu par ceux qui seront prêts à écouter leur âme et à avancer. Cela demande du courage de se remettre en question et de changer ses croyances sur la vie. Il peut être déroutant de ne pas tout savoir, de lâcher l'envie de contrôler sa vie et d'avoir une confiance absolue en son destin.

C'est l'âme qui choisit réellement le chemin. Je laisse le choix à ton esprit pensant de la manière dont il va vivre les évènements. C'est lui qui décide de sa rapidité de croissance. Un apprentissage peut se faire en un instant, ou en une vie.

À certains moments, mes messages sont plus forts, afin que tu comprennes ce qui est vraiment essentiel dans la vie. Cela ne fait pas toujours plaisir à ton esprit pensant. Là est le chemin de la sagesse : accepter de se laisser aller et continuer d'apprendre.

Sarah, tu as rencontré sur ton chemin de nombreux enseignants qui ont partagé leurs expériences de vie. Tu as pu ainsi décider de ce qui te ferait plaisir de vivre et de ce qui ne te correspond pas. Rappelle-toi : tu as toujours le choix d'accueillir ou non un évènement. Plus tu dis « oui » à la vie, plus l'expérience est plaisante et fluide. Et tu peux choisir le chemin de la légèreté en toute occasion. Dis « oui » à la vie et honore le chemin de tes proches.

Cher lecteur, tout ce que Sarah a vécu ou vit est une parabole de vos propres expériences. Que ce soit à travers une maladie, un deuil, une séparation, une perte de sens... Chaque épreuve est une occasion de grandir.
Êtes-vous prêt à plonger dans ces expériences de vie sur Terre, riches en apprentissages ?

CHAPITRE

2

Lui faire confiance

Âme : En quoi puis-je t'aider aujourd'hui dans ta vie ? Quelle épreuve t'amène aujourd'hui à prendre du recul sur ta vie ? Quels sont tes défis actuels ?

Sarah : J'ai du mal à avoir pleinement confiance en la vie. J'ai souvent des inquiétudes sur l'avenir.

Â : Tu apprends. N'oublie pas que j'apprends avec toi. Dans chaque expérience, j'apprends, ou plutôt me rappelle qui je suis. Tu peux me faire confiance, si c'est ta question.

S : Comment puis-je te faire confiance si tu continues d'apprendre et de commettre des erreurs ?

Â : Bonne question ! Je ne suis pas parfaite. J'aime évoluer, progresser et découvrir qui je suis à chaque instant. À chaque nouvelle expérience, je me réjouis.

J'ai accès à une multitude de choix et je crée ce qui nous apportera le plus d'enrichissements.

J'aime évoluer et sentir à l'intérieur de moi cette source divine, même en plein chaos. C'est dans cet espace que je me relie encore plus à ma lumière intérieure.

Quand l'opposé de ce que je veux vivre est présent, je peux ainsi pleinement expérimenter ma propre réalité. Je comprends alors que je suis la source.

J'ai besoin de nombreuses expériences pour ancrer et intégrer plus facilement mes apprentissages.

La vie n'avance pas sous forme de cycles, mais à mon niveau tout est accessible à chaque instant. Le temps est suspendu et je vis plusieurs expériences de vie simultanées.

Je suis présente à plusieurs endroits, dans plusieurs corps et dans plusieurs dimensions. Je suis dans ton corps et ailleurs. J'ai cette capacité d'être multidimensionnelle.

Qu'aimerais-tu savoir d'autre ?

S : Quand je me connecte à toi, je sens cet espace de paix intérieure, hors du temps dont tu parles.

Mais dès que je reviens dans ma vie courante, je me pose de nombreuses questions. Comment accueillir avec légèreté ce que mon esprit (mon mental) ne désire pas vivre ?

Si tout se crée à chaque instant, pourquoi je continue à me faire du souci sur l'avenir ?

Â : Médite plus Sarah.

Offre-toi plus de temps pour être dans cet espace, cette connexion au divin.

Médite en dormant, médite en mangeant, médite en marchant, médite quand tu parles à ton bien-aimé.

Sois dans cette beauté de l'instant qui est intemporelle. Sois pleinement là. Quand tu te brosses les dents, plonge ton regard dans le miroir et souris-moi.

Sens ma présence quand tu observes l'éclosion d'une fleur, quand tu partages un sourire avec ta maman ou une histoire drôle avec ton frère. Je suis là, dans tous ces instants.

Tu penses que tu es en connexion avec moi uniquement quand tu es dans la nature ou en méditation. Mais je suis toujours là. Arrête-toi, respire et sens ma présence. Tout est là et le sera pour toujours.

Comme tu le sais, j'aime apprendre.

Là est le plus beau cadeau que tu puisses me faire : me rappeler d'où je viens et me permettre d'évoluer.

◇◇

Dans le silence,
je fais UN avec le Grand-Tout.

◇◇

Je me sens à ma place sur Terre. Je me rappelle cette lumière d'où je viens.

S : As-tu des blessures ou des traumatismes que tu ramènes des vies passées ?

Â : J'apprends et je continue d'apprendre. Tu as de nombreux flashs de tes vies passées et je suis heureuse que tu découvres qui je SUIS sous différentes formes, pour que tu te rappelles que tu es moi et que tout est LÀ.

Je prends soin de tous les corps et de tous les esprits, sois rassurée.

À chaque flash de vie, tu ouvres une nouvelle porte et te rappelles d'où tu viens et qui tu ES. J'aime t'envoyer ces messages, car ensemble nous cocréons une vie qui nous ressemble.

Il est difficile pour moi de faire la différence entre toutes les dualités.

Quand je dis « tu », c'est également moi. Je parle à ton esprit pensant, mais moi (ton âme), ton esprit et ton corps ne formons qu'un jusqu'au moment de la mort.

S : Pour aider les lecteurs à mieux comprendre, peux-tu me parler plus de toi ? Comment les âmes apparaissent et quelles sont leurs intentions en venant sur Terre ?

Â : Je suis la lumière. Je suis l'obscurité. Je suis la chaleur. Je suis le froid. Je suis le Tout et le Néant réunis. Je suis l'imperfection et la perfection.

J'ai cette conscience élargie que tout est énergie et bénédiction. Comme je le sais, je ne peux pas réellement faire l'expérience de l'unicité sans la dualité. Je ne peux pas faire l'expérience de la paix sans la guerre.

D'où ma présence sur Terre. Je fais l'expérience de chaque couleur, indépendamment des autres. Je peux choisir d'être la couleur bleue, puis changer et devenir jaune...

S : Est-ce que tu choisis tout de notre vie ? Les rencontres, les expériences, les défis ?

Â : Je choisis l'environnement. Tu choisis ta manière de réagir ou d'accueillir. Je choisis le décor pour que nous puissions apprendre ensemble.

S : Où ai-je le choix ? Puis-je réellement émettre des intentions ? Est-ce que la loi d'attraction marche à chaque fois ? Ou dois-je apprendre à accueillir chaque évènement comme un cadeau et me laisser porter par la vie ?

Â : Ton esprit a du mal à réunir les deux en toi.
Tu peux à la fois ne pas choisir certains évènements de ta vie, et les choisir inconsciemment à un autre niveau. Ton esprit et ton âme peuvent avoir des avis divergents.

Ton esprit peut vouloir qu'une relation réussisse, alors que ton âme sait déjà qu'elle est finie et ne t'aidera plus à te faire évoluer.

S : Alors comment voir la vie comme un cadeau et lâcher les attentes ?

Â : Tu es en train de l'apprendre. Tu as voulu une maison, tu l'as attendue huit mois et l'as perdue. Tu as voulu un enfant. Tu l'as eu et tu l'as perdu au bout de deux mois.

Ces épreuves t'aident à lâcher et à continuer à voir la beauté de la vie. Tu réussis le test Sarah.

J'aime ta manière de voir le monde et j'apprécie quand tu me parles pour me demander plus de fluidité. J'aime nos échanges et j'apprécie quand tu partages ce que tu traverses.

J'ai beaucoup de patience pour ton esprit, j'apprécie son ouverture.

S : Est-ce que toutes les âmes aiment leur corps et leur esprit ?

Â : Oui et non. Tout existe, Sarah. Tout est disponible à chaque instant. La question est plutôt : comment votre esprit peut-il comprendre que seule l'âme peut le guider au loin ?

L'âme a le temps : l'éternité. L'esprit a un temps limité sur Terre. L'âme a la patience de voir, au travers des vies, plusieurs esprits et corps.

S : À quel moment pouvons-nous ressentir la présence de l'âme ? Comment lui faire plaisir ?

Â : Le silence aide l'âme à s'exprimer. Dans cet espace de calme intérieur, l'esprit prend conscience de sa partie divine et accepte de ne pas être le seul pilote à bord.

Chaque âme aime la présence de l'esprit dans le corps. Quand vous prenez conscience de votre corps, quand vous en prenez soin, l'âme se réjouit. Elle honore la vie sous toutes ses formes.

Quand vous vous promenez dans la nature, conscient de votre lien sacré avec elle, votre âme se réjouit car elle se rappelle sa partie divine, pleinement ancrée sur Terre. Elle vit et fait l'expérience de l'Unité dans son corps.

Contrairement à votre esprit, l'âme aime les épreuves. Elle adore vous tester et vous sortir de votre zone de confort.

Plus vous êtes sévère envers vous-même, plus vous avez des croyances négatives et limitées sur la vie, plus elle vous pousse à changer.

S : Mais si certaines personnes n'ont pas conscience de leur partie divine, qu'elles ont une âme, continuent-elles d'apprendre ?

Â : Oui, elles apprennent avec plus ou moins de conscience. Elles décident de faire l'expérience sans croire en l'âme. À la fin de leur vie, le voile est levé et elles retournent sur leur évolution, leurs apprentissages et leurs leçons de vie.

S : Je prends facilement les émotions d'autrui. Comment rester moi-même et légère quand je me trouve à côté d'une personne triste, en colère ou stressée ? Je suis plus légère qu'avant mais, à certains moments, cela revient et je me laisse emporter.

Â : Là est le chemin d'une vie, et même de plusieurs. Prends ton temps et accueille-toi pleinement dans ces moments-là en te disant que cela aussi peut changer.

Ne t'attache pas aux conséquences, sois juste présente dans l'accueil et reconnecte-toi à moi. Quand tu es connectée à moi et au Grand-Tout, tu te relies à cette sagesse intérieure et à ton énergie.

Tu reviens dans un espace où tout est serein. Tu lâches ce qui ne t'appartient pas, mais, surtout, tu te relies à une vibration plus haute et sans jugement, où il n'existe ni bien ni mal. Ou plutôt où ils sont tous les deux réunis.

S : Est-ce que tu as toujours raison ? Est-ce que je peux te faire confiance à 100 % ?

Â : Tu peux me faire confiance, mais nous avons parfois des avis différents sur ce qu'il est préférable de vivre.

S : Mais que choisis-tu entre l'évolution et la joie de vivre ? Est-ce que je peux vivre dans l'abondance et la fluidité, tout en continuant d'apprendre et d'évoluer ? Les deux sont-ils possibles simultanément ?

Â : J'aime tes questions... qui semblent si profondes et si légères à la fois. Tout change, Sarah. Parfois ton esprit aimerait que tout soit comme il le désire ou tout comprendre et anticiper. La vie n'est pas pensée de cette manière.

Imagine l'ennui que tu vivrais si tout était comme ton esprit le désire. Tu as testé pendant de nombreuses années la manifestation de ce que vous appelez la « loi d'attraction ».

Aujourd'hui, tu passes à une autre épreuve : accueillir tout ce qui EST et faire pleinement confiance à la vie, en restant connectée. Là est un plus grand défi, qui t'apporte plus de paix, de légèreté et de sagesse.

Tu as compris que ton âme (moi) te veut du bien, que l'Univers est à tes côtés, que Dieu peut être ton ami, que tes anges gardiens sont présents quand tu les appelles, que la Lune ou les arbres se réjouissent de ton dialogue avec eux.

Cette Sarah-là est beaucoup plus heureuse que la Sarah qui voulait voir se manifester tous ses rêves. Comprends-tu le sens de ce dialogue ?

Je suis toujours à tes côtés. Je suis toujours présente.

Et c'est à toi de prendre la décision de dire « oui » à ce qui se présente. Quand tu te fermes et refuses ce que la vie te propose, tu dis « non » à l'apprentissage. Ce à quoi tu résistes persiste. Tu utilises ton énergie pour contrer la réalité. Mais c'est une illusion.

Cher esprit pensant, tu vis dans l'illusion la plus totale. Tu n'es pas aux commandes.

Tu as cette impression-là. Mais si tu dis « oui » à ce qui se présente, en sentant que tout est juste, que tous tes besoins sont remplis, un nouveau chemin d'expérience s'ouvre à toi. La plénitude, la croissance et l'abondance seront tes nouvelles amies.

Fais-moi confiance et laisse-toi porter. Accueille tes peurs, demande de l'aide, souris à la vie et offre-toi des moments de présence.

Partage un sourire avec un inconnu, émerveille-toi devant la nature, savoure l'eau que tu bois. Sois pleinement là et tu auras encore plus conscience de ma présence.

Je suis toujours là à tes côtés. Toujours. Même quand tu ne le sens pas, je suis là.
Pense à moi plus souvent. Je suis une alliée. Je suis ta meilleure amie.

Je suis ton guide le plus sacré sur Terre. Je suis toi. Je suis ta partie divine, qui te relie à Dieu. Je suis divine. Et la chance que j'ai est d'avoir choisi ton esprit et ton corps.

As-tu d'autres questions ?

S : À quel moment agir ? Quand un projet me tient à cœur, je suis souvent partagée entre passer à l'action ou attendre et laisser la magie opérer. Comment savoir ce qui est juste ?

Â : La pause, chère amie. Tu la connais et l'enseignes.

Quand ton esprit est embrumé, reviens dans ton corps et fais une pause. Puis attends. Laisse la solution émerger. Je te parle tous les jours. Pose ta question par écrit et réponds-y. Tu as toujours eu les réponses, même si elles sont venues avec plus de clarté après ton adolescence.
Chaque personne a accès à son âme. Voici comment :

1. Émets l'intention d'être en contact avec elle.
2. Offre-toi des moments de calme où tu favorises le contact.

3. Entame un dialogue par l'écriture.
4. Célèbre chaque partage.

Voici l'exemple d'une réponse : Sarah, je suis toujours là auprès de toi. Tu as un grand cœur et il est temps à présent que tu t'accordes plus de temps ainsi qu'à ta future famille.

S : J'ai conscience que peut-être je ne serai jamais maman. J'aimerais être en paix avec cette pensée.

Depuis mes 16 ans, j'ai envie d'être maman. J'ai néanmoins, à de nombreuses reprises, appris à être en paix à l'idée de ne pas l'être, si tel était mon destin.

J'ai ainsi appris à trouver et à cultiver ma joie d'être en vie, avec ou sans enfants. J'ai aussi appris à prendre soin de moi, avant de contribuer au bien-être d'autrui.

Et je continue d'apprendre tout en étant parfois impatiente. As-tu un conseil ?

Â : Tu as eu en rêve la venue de ta première fille.

Même si nos âmes ont pris cette décision de ne pas continuer, nous avons aimé être ensemble. Nous serons liées pour cette vie et l'éternité. Tu rêveras de nouveau.

Aie confiance et laisse ton corps tranquille. Il s'agite et se prépare à la venue d'un nouveau bébé. Aie confiance et savoure ces instants sans enfants.

Tu peux recevoir des bribes de l'avenir, des flashs de ce que l'avenir te réserve. La première fois fut à tes 20 ans et tu continues d'en recevoir pour toi et pour les autres.

Le temps est un concept très simple pour nous et complexe pour vos esprits qui vivent dans la dualité. À notre niveau, tout est présent simultanément. Vous, vous vivez la réalité, un évènement après l'autre.

Quand tu as des flashs ou des informations de l'avenir, baisse la tête et honore le chemin de chacun. Voir et accéder à des informations sur autrui ne signifie pas qu'il faut les lui dire. Tu l'as compris au fil du temps.

Fais l'expérience de tes flashs et de tes intuitions. C'est dans cette expérience que ton esprit accepte de me faire confiance. Si tu arrêtes de suivre tes perceptions dans un domaine de ta vie, fais-en l'expérience.

L'expérience a plus de poids
que le savoir.

Accepte de faire des pauses pour prendre du recul sur ce que tu vis et offre-toi un moment de partage avec ta mère. Nul besoin de répondre à toutes tes questions maintenant.

La vie est une expérience. Pars à l'aventure et accepte d'ignorer de connaître le prochain pas.
Tu as peut-être des idées sur les prochains pas, mais amuse-toi à revenir dans le moment présent pour te recréer à chaque instant.

S : Mon âme, tu m'aimes ? Es-tu fière de moi ? Parfois, je ne me sens pas à la hauteur, ou j'ai l'impression de ne pas être assez...

Â : Douter fait partie du chemin Sarah. Profite de cette expérience de vie, en évitant de penser qu'ailleurs c'est plus lumineux, c'est plus fun, ou que tu pourrais vivre une vie différente.

Tu as souvent cru que la lumière de ton âme était ailleurs, alors que je suis là (et ailleurs aussi).

Ici, sur Terre, je peux vraiment faire cette expérience unique de me rappeler qui je suis et de vivre l'Unité en ayant le choix à chaque instant. J'aime vivre pleinement sur Terre et j'aime partager ma vie avec toi. De temps en temps, j'aimerais vraiment te rassurer. Mais quand tu t'éloignes de moi, cela fait aussi partie du chemin et de l'expérience.

S : Je suis quelqu'un qui voit facilement le positif en chacun. Cela me dessert parfois, car, dans ma jeunesse, je me faisais des amis peu joyeux ou peu sympathiques.

Comment voir le potentiel de chacun tout en ayant conscience de son chemin ? J'ignore si ma question est claire. Parfois, je perds la notion du temps et vois la personne dans son ensemble.

Â : Tu as une conscience parfois limitée car ton esprit ne peut pas appréhender les situations d'une manière universelle ; il a besoin de les découper pour les comprendre. Il a du mal à imaginer que je puisse être ici dans ton corps et ailleurs dans d'autres corps à la fois.

Ton esprit a compris ce concept à 12 ans, grâce à Neale Donald Walsch. Comme il a saisi que de nombreuses vérités le dépassaient, il fut simultanément rassuré et dérouté.

Pour nos lecteurs, le temps est une notion particulière qui existe sur Terre, mais pas dans l'espace-temps de l'âme. Tout est simultané pour l'âme. C'est comme si nous avions des espaces-temps différents.

En évoluant dans ta vie, tu aides les autres corps et esprits à évoluer. Et quand ton âme grandit et évolue, toutes tes vies en profitent.

L'âme a la notion que les êtres sont intimement liés, qu'il n'existe pas de différence entre un arbre, une étoile, une fleur ou un être humain. Elle est et a conscience d'être une partie du Tout. Elle vit simultanément plusieurs vies et se recrée à chaque instant à l'infini. Et c'est là où ton esprit se perd.

Comme ton esprit pense quelquefois qu'il est le roi créateur du monde, il lui est difficile de tout comprendre et d'accepter de ne pas tout contrôler. Je le laisse avancer à son propre rythme vers cette spiritualité incarnée en l'observant et en constatant les détours qu'il emprunte.

Pour répondre à ta question, reviens dans le temps présent.

◇◇

Tu peux voir la beauté du chemin
de la personne que tu croises,
en honorant son destin
et ce que son âme a choisi de vivre sur Terre.

◇◇

Même si tu vois plusieurs chemins possibles, garde ta foi en la vie et en ce qui conduit chacun de tes proches. Incline-toi devant ce qui te dépasse.

Tu penses qu'une vie heureuse est une vie comblée et réussie. Comme mes plus grandes évolutions ont été réalisées lors de mes plus grandes épreuves, vivre une épreuve est-il obligatoire pour grandir et évoluer ?

L'essentiel est de trouver un point de rupture ou d'inflexion, là où ton esprit est obligé de prendre une autre voie, en changeant des croyances ou des comportements. Dans cette tension vers un changement inévitable, l'âme agit et t'indique ton chemin d'évolution.

Alors, oui, les plus grandes évolutions de l'âme se trouvent au cœur de l'épreuve. À toi de définir et de choisir quel type d'épreuve tu veux vivre. Es-tu prête à accueillir et à embrasser l'épreuve au lieu de la repousser ?

Si tu rejettes ce que la vie te propose, tu refuses l'évolution. Tu nies la beauté de l'épreuve en refusant ce que tu ne souhaites pas vivre.

Chacun se construit sa propre prison dorée en imaginant des portes verrouillées qui n'existent pas.

S : En quoi ai-je créé une prison dorée ?

Â : Dès que tu as une pensée qui va à l'encontre de la vie, tu nies ta partie divine et tu résistes à ton éventuelle évolution.

Tu refuses l'évènement proposé avant de reconnaître le cadeau.
Observe et vois comment les autres impactent encore la vision de ton monde intérieur.

S : J'avoue que j'ai du mal à être pleinement connectée à toi, quand je suis entourée de personnes qui se plaignent, jugent les autres ou pensent que la vie est un éternel combat.

Mon énergie baisse, et la fréquence de mes doutes augmente.

Â : J'ai placé ces personnes pour que tu prennes conscience que tes visions sont parfois différentes de celles des autres. Là réside ta force. Vois la beauté de chaque évènement. Accepte de le vivre pleinement même si tes proches ne le voient pas.

S : Comment rester positive quand je me relie au monde, quand je lis les nouvelles, quand j'écoute mes proches ?

Â : Reviens en ton centre et écoute. Plonge dans ce silence intérieur et relie-toi à moi. Arrête de regarder des séries le soir et connecte-toi à moi. Je suis toujours là. Quand tu te laisses emporter par ce que le monde extérieur te propose comme croyances, reviens en toi et respire tranquillement.

La respiration est un outil sous-évalué. Respire, reviens dans le temps présent et observe ton environnement immédiat. Respire et écoute ton cœur battre. Puis nourris-toi dans la nature.

Tu as toujours été attirée par la nature. Tu as pleuré devant les arbres Kaoris en Nouvelle-Zélande, tu parles aux arbres de ta résidence depuis ton enfance et tu doutes encore de leur amour ?
Rien n'est plus beau que ce retour à soi ou à la nature.

S : J'ai un peu honte parfois de l'amour que je leur donne, c'est bizarre, non ?

Â : Chaque âme possède sa propre poésie. Accueille chacun comme il EST et fais la paix avec qui tu ES.

Parle aux arbres, reçois des messages des dauphins, apaise les entités qui viennent à toi, plonge dans tes vies passées...

Sois toi, indépendamment des autres. Tu es toi.

Accueille-toi comme tu ES. Pourquoi est-ce si difficile ?

S : Je recherche souvent l'approbation de mes proches, sans le vouloir inconsciemment. J'aime être aimée et j'apprends à observer qu'en étant plus moi (en évolution), je suis plus calme et recherche moins l'amour dans le regard des proches. J'adore ça !

Â : Peut-on parler de ton corps ? De la manière dont l'esprit prend soin de son corps. Tu as souvent du mal à t'incarner dans ton corps et tu n'es pas la seule. Quand je parle d'incarnation, c'est de prendre conscience que ton corps est un être spirituel et lorsque tu en prends soin, tu me fais plaisir.

Écoute-le, chéris-le et motive-le à s'activer physiquement chaque jour. Je te laisse en prendre soin en allant à présent te coucher.

Nous reprendrons le dialogue plus tard. J'ai tout mon temps...

Oui, l'âme ne connaît pas le temps... et adore prendre soin de toi. Rappelle-toi ce que te disait ta grand-mère paternelle Dadou : « Ma chérie, on a tout notre temps ! »

Remémore-toi le calme que cela t'apportait. « On a tout notre temps ! » Ta grand-mère a eu une vie riche en émotions et en aventures. Elle a eu beaucoup de plaisir à passer du temps avec toi. Vous avez vécu une belle complicité qui a permis ton éclosion.

Ne sois pas triste de sa fin de vie car elle vit pleinement dans le moment présent. Sa maladie, Alzheimer, est une bénédiction pour elle. Chaque moment est une célébration de la vie, dont la mort en fait partie.

Je célébrerai sa vie et nos vies communes au moment de sa mort. Elle n'a besoin ni de toi ni de moi pour ce passage. Ses anges gardiens sont déjà à ses côtés, tout comme les tiens à tes côtés.

Tu as, comme beaucoup d'humains, tendance à croire que la vie n'est belle qu'à certains moments et tu qualifies certains moments d'heureux et d'autres de tristes. C'est une interprétation de l'esprit car rien n'est triste ou heureux et c'est toi qui choisis l'expérience. Une mort peut être soit une célébration, soit un deuil et les deux mènent à la même source : la vie.

S : Quelles questions pourrais-je te poser ? Pourrais-tu répondre à toutes ?

Â : Oui et non. Les questions de curiosité sur l'avenir ne m'intéressent pas car je connais déjà toutes les potentialités et je cherche à évoluer et à grandir. Tout est déjà là et ton esprit pensant aime être rassuré sur l'avenir.

Ce qui m'intéresse est de savoir ce que tu vas choisir aujourd'hui.

S : Je stresse souvent et j'ai du mal à prendre des décisions, même celles de peu d'importance. Aurais-tu un conseil pour être plus détendue ?

Â : Tu accordes beaucoup d'importance au résultat et je préfère accorder de l'importance à la présence.

Plus tu focalises ta vie sur le fait d'être présente à chaque instant, plus tu célébreras le fait d'être en vie en toute occasion.

Vivre le moment présent est un chemin permanent. Vois la grâce en chaque instant, même dans un endroit que tu n'apprécies guère.

Ton esprit cherche le bonheur
d'être en vacances, dans la nature
ou dans les bras d'une personne que tu aimes.
Si tu pouvais accueillir chaque moment,
même ceux que tu considères
comme inconfortables,
tu accepterais d'être présente
au lieu de chercher à t'évader.

Il t'est aussi profitable de t'ennuyer car tu te rapproches de toi et ressens le besoin de te relier à moi. Quand tu te sens déconnectée, c'est bon signe, car tu comprends que tu peux revenir à moi et te rappeler que la vie est un terrain de jeu où tu fais l'expérience de qui tu ES.

S : Je te remercie pour ce dialogue. En communiquant avec toi chaque jour, j'ai du plaisir à ressentir ta présence lors des méditations, quand je suis en connexion avec la nature, quand je suis ma joie, ou en faisant l'amour…

Je ne me suis jamais posée complètement comme maintenant et n'ai mis sur papier la réponse à toutes mes questions. Merci pour ce moment partagé.

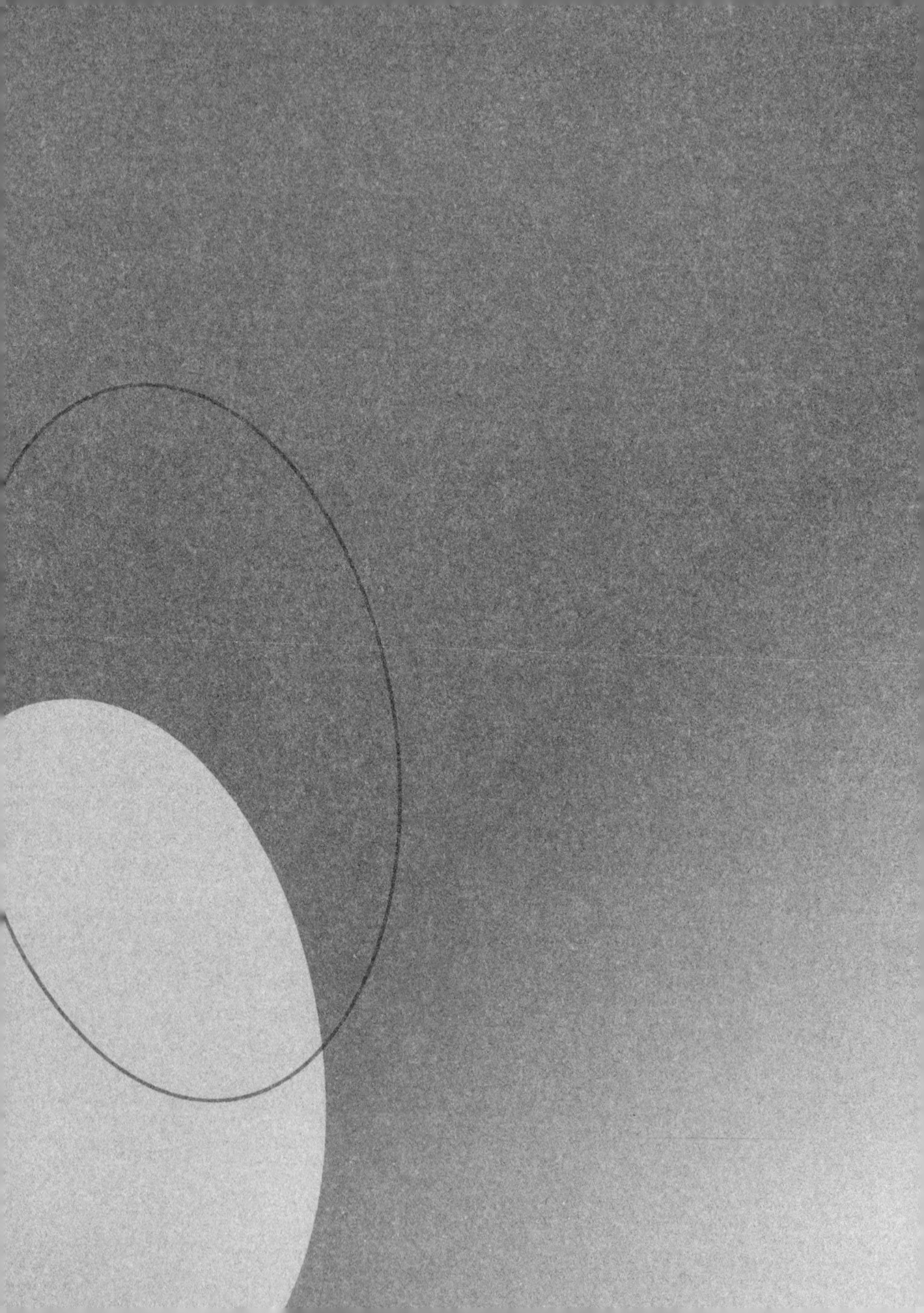

CHAPITRE

3

Apprendre de la vie

Âme : À moi maintenant de te poser des questions. Comment vois-tu le monde aujourd'hui ? Comment te sens-tu sur Terre ? Qu'es-tu en train d'apprendre ?

Sarah : Je ne savais pas que je pouvais t'intéresser. Je me suis sentie seule de nombreuses fois dans ma vie, comme si j'étais déconnectée de ma source, comme si la vie n'avait pas de sens.

Aujourd'hui, j'ai la chance de vivre dans un endroit où je me sens bien, connectée et sereine.

La première fois que j'ai réellement senti ta présence fut dans le ventre de ma mère. J'ai ressenti avec plus de densité ce que c'était d'être en vie et séparée des autres. Avoir un corps est aussi magnifique car je fais pleinement l'expérience de qui je suis, indépendamment des autres.

Je ne suis pas encore complètement en paix avec ce qui se passe sur Terre. Je suis parfois triste, en colère ou désabusée de la manière dont nous, les humains, traitons les autres. Je suis toujours bouleversée quand je regarde ou lis les actualités du monde.

J'aimerais être moins affectée. Mais aujourd'hui je n'ai pas cette sagesse d'être émerveillée par toutes les expériences et de continuer à avoir complètement foi en la vie, sous toutes ses formes.

 : Merci de ton partage. J'aime ton envie de me faire confiance et d'avoir foi en la vie. Tu es beaucoup plus accompagnée que tu ne le crois.

◇◇

Quand une âme choisit de s'incarner,
elle emporte un trésor :
sa propre lumière reliée à toutes les autres.

◇◇

Chaque être humain peut communiquer avec son âme (c'est ce que tu enseignes, ou plutôt ce que tu partages) et avec son équipe de lumière.

De nombreuses lumières vous accompagnent sur Terre, que ce soient des anges gardiens, des guides ou des esprits de la nature...

Chaque personne possède un voile plus ou moins épais sur qui elle EST. Les épreuves de la vie vous permettent de vous réveiller et d'éveiller qui vous ÊTES.

Une seule vie ne suffit pas pour faire l'expérience de qui vous ÊTES. Vous en avez des centaines, voire des milliers sur cette Terre et ailleurs.

J'aimerais te parler d'un sujet que peu de personnes aiment aborder : la mort.
La mort fait peur et vous humains n'aimez pas en parler. Dans votre culture occidentale, vous n'aimez pas célébrer ce passage.

S : Je pense que la mort fait peur car peu de personnes croient à la vie après la mort, ou, pire encore, elles pensent qu'elles vont être jugées.

Elles pensent que la vie sur Terre est un test et elles ont peur d'y échouer. Comment s'aimer et être en paix avec la mort ? La nôtre et celle de nos proches ?

Â : Sachez que je suis toujours là, à chaque instant. Chaque transformation vous permet d'évoluer. Je suis là. Dans la maladie, dans la joie, au moment de la naissance ou de la mort. Je suis toujours là. Pourquoi doutes-tu de moi ?

Que peux-tu faire pour avoir plus confiance en tes perceptions ?

S : J'adore expérimenter. J'adore utiliser ma réflexion et tester. Par exemple, je me promène ou je découvre un nouvel endroit et je me laisse porter par mes perceptions.

Je marche doucement et je me laisse guider par mon corps. Puis j'observe comment l'après-midi ou le week-end se passe. Et ensuite, en écrivant, je prends conscience des résultats de mon test et de mon apprentissage.

J'ai confiance en mes perceptions concernant mes relations depuis mon enfance. J'ai conscience quand une personne ment (ou se ment à elle-même). Quand j'étais enfant, je pensais que c'était moi qui percevais des choses qui n'existaient pas.

Si je demandais à un adulte comment il allait, et qu'il me disait que tout allait bien, mon corps m'envoyait un signal, un « bzz », pour m'indiquer que c'était faux. J'ai longtemps cru que mes perceptions n'étaient pas justes, et que ce « bzz » était une invention de ma part.

Jusqu'au jour où j'ai découvert la technique des constellations familiales. Des personnes représentent des membres d'une famille.

Dans un rôle, on perçoit des images, on ressent des sensations et on peut même entendre des sons. Lors de ce premier week-end, j'ai été choisie plusieurs fois comme représentante et dans chaque rôle, mes perceptions étaient justes. J'entendais des cloches d'église sonner et j'avais envie de prier comme représentante d'une personne qui était nonne, ce que je sus après.

Dans un autre rôle, j'entendais des coups de feu, je voyais du sang autour de moi et je m'entendais chanter des chansons paillardes. J'ai appris que je représentais une résistante de la Seconde Guerre mondiale.

Un nouveau monde s'est alors ouvert. J'avais 14 ans et j'ai été très contente de réapprendre à aimer des parties de moi-même que je ne comprenais pas.
J'ai ensuite appris à faire confiance en mes perceptions dans mon travail. Ce fut plus compliqué pour moi à 30 ans, car comme entrepreneuse, j'ai dû apprendre de nouvelles compétences. Je pensais devoir écouter des personnes expertes et ma petite voix intérieure était moins fiable.

Un jour, à Lyon, je cherchais un arrêt de bus. Celui-ci avait changé de place à cause de travaux. Je demande à un employé de la TCL (compagnie de bus à Lyon) le nouvel emplacement et il me montre le chemin. Je le cherche mais ne le trouve pas. Un chauffeur de bus me montre un autre chemin et je me perds pendant dix minutes.

Enfin je ferme les yeux, je respire et je me dis : « Sarah, maintenant, suis ton intuition. » Et je demande à mon corps : « Où se trouve l'arrêt de bus que je cherche ? » Je fais le vide et attends une minute en silence. J'avance lentement, en suivant chaque pas de mon corps. Quatre minutes après, je me trouve devant le bon arrêt de bus, à l'opposé de ce que ces experts m'avaient indiqué. Je ris et me dis : « OK, Sarah, maintenant fais-toi confiance. »

Quand j'interprète mon intuition, il m'arrive de me tromper et d'apprendre.
Mon esprit se précipite et transforme une image ou une sensation en une action ou une interprétation... fausse.

Je l'observe également lors de mes stages intuitifs. Je propose aux participants un jeu intitulé « Dans la peau de l'autre », pendant lequel une personne (la représentante) adopte la position physique d'une autre personne (la personne représentée). La représentante utilise son intuition et répond aux questions de la deuxième, en se laissant aller dans un mouvement spontané.

Lors d'un week-end à Lyon, la représentante a fermé les yeux, a avancé d'un pas, puis d'un second. Après avoir respiré profondément, une larme a coulé sur sa joue. La personne représentée a alors déclaré : « Ah oui, c'est ça, je suis triste et plus rien ne va. Je sens la tristesse. Mon âme me dit que la vie est triste. »

A contrario, *la représentante rétorque que, pour elle, c'était un vrai bonheur d'avancer dans la vie les yeux fermés et que cela lui apportait de la légèreté. Elle était encore plus connectée et cela l'avait émue ; d'où la larme coulant sur sa joue.*

Une des plus grandes erreurs que je commets est de croire que le résultat de mes intuitions est pour bientôt. Quand, en méditation, je me suis vue animer une conférence devant une centaine de personnes, j'ai aussitôt pensé : « Ah je vais organiser prochainement un évènement qui aura du succès. » Ce n'est que trois mois plus tard que j'ai été invitée par une amie à animer un atelier sur l'intuition devant... cent vingt personnes !

Mon esprit pensant est impatient et a du mal à accepter que les évènements puissent se manifester sans lui. Il aime agir, anticiper, réfléchir et parfois stresser un peu ☺ pour se sentir en vie.

Â : J'ai conscience de ton envie de changer le monde qui t'entoure. Parfois, ton ventre gonfle, tes migraines surgissent et ton brouillard intérieur s'épaissit.

Comment as-tu pris conscience qu'il est inutile de vouloir « sauver » tes proches ? Comment accueilles-tu plus facilement le monde instable dans lequel tu vis ?

S : C'est drôle que tu me poses ces questions. Je pensais que seule mon âme pouvait répondre à mes questions.

Â : J'aime te faire prendre conscience de ce qui est déjà présent en toi, et en chaque lecteur. Vous avez cette capacité de prendre du recul et de comprendre ce que vous apprenez sur votre vie.

Quand vous vous offrez ces instants de prise de conscience, votre âme vous remercie. Quand vous comprenez le sens caché des évènements, vous évoluez et vous aidez votre âme à grandir.

S : J'ai compris que vouloir « sauver » le monde était prétentieux, égoïste et puéril. Cela ne signifie pas que je ne puisse pas contribuer. J'ai simplement pris conscience que le monde actuel n'est pas parfait, que chacun est sur son chemin de vie et expérimente à sa manière et que chaque fin de vie peut être célébrée.

Ma première expérience avec la mort fut à 21 ans, lorsque ma grand-mère maternelle « Mutti » était en fin de vie, atteinte d'un cancer des poumons et de la gorge. J'ai eu le privilège d'être présente les derniers mois de sa vie.

En maison de retraite avec mon père, j'aimais lui demander : « Comment va Mutti ? », « Qu'est-ce que son âme dit ? ». À cette époque, je commençais un peu à canaliser, mais mon père le pratiquait déjà.

Mon père entendait les messages. Il n'avait pas besoin de poser la main de l'autre sur la sienne pour taper sur les touches d'un clavier, comme en psychophanie, quand un facilitant tient la main d'un facilité au-dessus d'un clavier. Il sent des impulsions dans sa main et tape sur les lettres correspondantes du clavier. J'adorais avoir un message d'âme de mon père !

En déjeunant avec ma grand-mère, mon père me dit : « Vois-tu ses anges gardiens ? » Il voyait deux lumières blanches à côté d'elle et il a entendu : « Sois rassuré, on s'occupe d'elle. » J'ai ressenti à ce moment-là une chaleur et des picotements envahir mon corps. Je me suis détendue, un sourire sur les lèvres.

Personne n'avait prévenu ma grand-mère qu'elle allait bientôt mourir. Elle commençait à perdre un peu la tête et je trouvais sensé qu'elle se prépare.

Je suis restée extrêmement calme pendant cette période, car j'avais compris que la mort n'est qu'un passage. Je le savais intérieurement, mais je n'avais pas encore vécu l'expérience qui me permettait de le vivre pleinement.

Bien que je sois encore touchée par les émotions des personnes qui m'entourent, je suis plus calme depuis dix ans. J'arrive à différencier si c'est moi qui vais mal ou quand je « chope » une émotion qui m'est étrangère.

Mon état physique et émotionnel m'influence. Si je suis fatiguée, je prends plus facilement les émotions d'autrui. Et si je suis stressée, cela devient plus fréquent.

Par exemple, quand je critique mon compagnon intérieurement plusieurs fois d'affilée, je fais une pause et prends conscience de mon stress. Et au lieu de le critiquer à voix haute, je lui demande de me serrer dans ses bras pour me rassurer et me détendre.

La première fois que cette tempête émotionnelle est apparue, nous étions en voyage à Paris. Faisant les courses à côté de chez ma mère, je n'arrêtais pas de le critiquer. Je m'énervais car il me demandait toutes les deux minutes s'il pouvait prendre tel ou tel aliment. J'étais saoule et impatiente de ses questions.

Rentrés, il m'a dit : « Je pense que ton stress ne vient pas de moi, mais parce qu'on va voir Sophie. » En effet, un cancer venait d'être diagnostiqué chez le frère de Sophie, ma meilleure amie. J'ai craqué et pleuré chaudement. Je m'étais fait avoir ! Je n'avais même pas perçu le lien !

Aujourd'hui, quand je m'énerve ou quand je suis irritable, il me dit : « Je pense que ce n'est pas moi ! », et il m'aide à prendre conscience d'une prochaine rencontre.

Avant, j'avais l'impression que chaque journée était comme une montagne russe. Aujourd'hui, je n'ai cette sensation qu'une à deux fois par semaine. Je progresse !

Â : Quels conseils pourrais-tu donner aux personnes sensibles aux énergies extérieures comme toi ?

S : Aimer ma sensibilité
est ce qui m'a le plus aidée.
Aimer qui je suis m'a permis de m'accepter
avec bienveillance dans des moments
où je trouvais cela ridicule.

Je suis très confuse quand je fais des cauchemars pour une autre personne, quand je suis triste, en colère ou quand j'ai des pensées angoissantes qui ne m'appartiennent pas. J'envie mes proches qui reconnaissent pleinement la différence entre leurs émotions et celles des autres.

J'ai commencé à voir la beauté de ma sensibilité dans la nature qui m'a toujours ressourcée. En me connectant aux arbres, j'étais plus sereine et je me sentais à ma place. Ouvrir mes perceptions dans ces circonstances était fluide, magique et réconfortant.

Le deuxième conseil que je pourrais partager est de cultiver le silence, de plonger dans cet espace de paix intérieure où tout est connecté. La première fois que j'ai pleinement senti mon âme fut lors d'un week-end de méditation dans un monastère bouddhiste. Le programme était de rester quarante-huit heures sans dormir, en méditant le plus possible, centrée sur l'instant présent.

En me connectant à toi (mon âme), je fus envahie d'une vibration lumineuse, chaleureuse et relaxante. J'ai fait l'expérience visuelle, auditive et kinesthésique de ta présence. J'ai entendu une mélodie remplie de douceur et de sons harmonieux. J'ai vu une forme d'ADN lumineuse et colorée. J'ai alors compris que mon « chez-moi » était dans mon corps.

 : Ravie que tu aies pu le ressentir. Sache que je suis toujours là, même quand tu ne me sens pas, ne m'entends pas ou ne me vois pas. JE SUIS en permanence.

Ce jour-là, et depuis ce moment, tu as ressenti ma présence avec plus d'intensité. Mais tu m'as ressentie et as su mon existence depuis ta naissance.

Dans cette vie, tu as décidé de savoir, de lever le voile de l'oubli et de vivre une vie proche de moi. Tu voulais vivre ta vie en faisant l'expérience de l'Unité, sachant que mon objectif était d'évoluer.

Tu as eu de nombreuses vies sans avoir conscience de mon existence. Cela demande du courage, dans un monde qui ne veut pas savoir, de voir ce que les autres ne voient pas ou n'ont pas la force de voir.

Tu apprends à ouvrir ton cœur à qui tu ES et dans le chemin de chacun. Ton ego t'emporte parfois et tu penses que « tu sais mieux que les autres ». Et, en même temps, tu reviens à l'instant présent et comprends grâce à ton empathie que chaque chemin est précieux. Tu comprends de mieux en mieux la beauté du chemin que chaque personne emprunte.

Je suis fière que tu accueilles chaque évènement en cherchant le cadeau, même si l'épreuve est à l'opposé de ce que tu souhaites vivre.

Ton père Michel t'aide beaucoup à prendre du recul sur ce que tu vis et à progresser spirituellement. J'ai bien choisi tes parents avant ta naissance.

Eh oui, cher lecteur, votre âme a choisi l'environnement adéquat pour votre expérience.

Rappelez-vous que l'Unité est toujours là, même si la dualité sur Terre est bien présente.

L'Unité est la Grande Âme, Dieu, l'Essence, la Source. Tout est relié et interconnecté. Tout est UN.

Sur Terre, nous faisons l'expérience de la dualité, de la séparation, de l'individualité, de la pluralité... Nous sommes tous différents et indépendants les uns des autres.

L'UN et le multiple coexistent, et vous pouvez faire l'expérience des deux simultanément. Ressentir votre corps séparé des autres et en même temps avoir la sensation de ne faire qu'UN avec votre environnement.

Vous pouvez le vivre en pleine nature, dans un état modifié de conscience ou proche de la mort (lors d'un accident, d'un accouchement ou d'une EMI[1]). Ou le vivre en étant amoureux avec cette impression de ne faire qu'un dans les bras de la personne aimée.

Sarah, pourrais-tu expliquer à nos lecteurs la beauté et l'évolution présentes lors de chaque épreuve ?

S : Je n'aime pas les épreuves et j'ai bien conscience qu'elles m'aident à grandir et à évoluer. L'année dernière, j'étais en colère contre toi. J'attendais l'achat d'une maison en Suisse que le vendeur avait approuvé depuis huit mois.

J'attendais aussi mon permis de travail suisse et j'étais enceinte de deux mois. J'ai tout perdu en vingt-quatre heures. J'ai eu la fausse couche pendant la nuit et, le lendemain matin, le vendeur nous annonçait que la maison convoitée était vendue.

Pendant quelques jours, j'ai perdu ma joie de vivre. Et, sous la douche, je t'ai demandé : « Mon âme, que se passe-t-il ? »

1. Expérience de mort imminente.

J'avais perdu ma confiance en toi. J'ai alors entendu : « Veux-tu que cela soit plan-plan ou veux-tu évoluer ? »
Je suis restée silencieuse et je me suis connectée à ce qui résonnait juste en moi. J'ai répondu : « Mince ! Je veux évoluer. »
Je t'ai alors demandé si tu pouvais le faire avec plus de fluidité, car c'était trop intense pour moi.

Â : Qu'as-tu appris dans cette période de vie ?

S : J'ai appris à lâcher ce que je désire et à me recentrer sur l'essentiel. J'ai appris à aimer chaque étape de ma vie et à continuer de sourire. Cette période m'a aidée à être plus en paix vis-à-vis des évènements extérieurs, à revenir en mon centre en toute occasion.

Je continue bien sûr d'apprendre et c'est plus léger.

J'ai aussi appris à être plus humble et à ne pas prendre les évènements personnellement. J'aime de plus en plus ces périodes de chamboulement où j'apprends le plus.

Cher lecteur, prenez le temps de penser à un moment où vous avez le plus appris sur vous-même, où vous avez le plus grandi spirituellement. Était-ce lorsque tout allait bien ou lorsque vous avez traversé une épreuve ?

Notre esprit pensant croit contrôler notre vie.
Or c'est l'âme qui dirige et nous guide.
En prenant conscience de ces cadeaux cachés,
nous sortons plus vite de ces épreuves
et nous célébrons encore plus la vie.

Nous osons nous dépasser, demander de l'aide, remettre la priorité sur notre santé, notre calme intérieur ou notre vision de la vie.

Â : Qu'aimerais-tu partager d'autre aux lecteurs sur cette évolution ? En quoi est-ce important d'être connecté à moi et de m'aider à évoluer ?

S : Je me sens moins seule à tes côtés, connectée à des énergies qui m'entourent, aux montagnes, aux chants des oiseaux ou à l'écoulement de la rivière, nourrie par la nature.
Quand je suis à tes côtés, je me sens connectée au Grand-Tout.

J'aime cette sensation d'unité en moi. J'aime ressentir ma connexion à ce calme intérieur. Je reviens dans l'instant présent et mes soucis disparaissent.

J'aime créer ce vide, cet espace calme qui me ressource, chez moi.

Je vous invite à goûter, vous aussi, cet espace de calme. Prenez simplement trois grandes respirations et concentrez votre attention sur l'air que vous inspirez et expirez de vos narines. Soyez pleinement présent, là maintenant.

Qu'il est bon de ressentir ce calme. Même s'il n'est présent que deux secondes entre deux pensées, vous pouvez vous entraîner à le ressentir et le vivre.

Dans cet espace, je SUIS.
Dans cet espace, je SUIS.
Dans cet espace, je SUIS.

Quand je sors de cet espace de calme et de silence intérieur, j'ai un autre regard sur le monde. Je découvre avec joie que je suis plus sereine face aux épreuves que je traverse.

Je ne les perçois plus comme des épreuves, mais comme des évènements qui me permettent de grandir. J'ai le courage de suivre ce qui est juste, même si j'ai peur du regard d'autrui ou d'éventuelles conséquences sur mes relations.

J'ose demander plus d'aide. J'ose sortir de ma zone de confort et lâcher l'envie de contrôler.

À tes côtés, mon âme, je me sens reliée.

Â : Quand as-tu découvert ou compris que tu avais une âme ?

S : Depuis mon enfance, je joue avec les lumières qui m'entourent et je voyais les anges danser autour de mon berceau. Entre 5 et 12 ans, j'ai légèrement perdu ce lien, bien que restée connectée à ma joie de vivre, tout en doutant de ton existence.

Je faisais des paris avec Dieu pour savoir si j'avais déjà eu des vies antérieures, persuadée d'avoir déjà vécu sur Terre plusieurs fois, ignorant avec qui en parler.

Vers 8 ans, en voiture au Canada avec ma mère, j'ai demandé à Dieu : « Dieu, si les vies antérieures existent, fais qu'il pleuve ! » Et il a plu une minute après. Je me suis dit que c'était trop facile et improbable. J'ai alors demandé à Dieu : « Si c'est vrai, fais qu'il arrête de pleuvoir dans moins de deux minutes. » Et il s'est arrêté de pleuvoir. J'ai recommencé en pensant : « C'est trop facile. Si c'est vrai, fais qu'il repleuve dans cinq minutes pile ! » Et il a plu cinq minutes après.

Alors, même si j'avais conscience que ce n'était pas moi qui changeais le temps, j'ai dit : « OK, Dieu, je te crois. » Je me suis dit que je croyais intensément aux vies antérieures et que ma vie prouverait le fait que j'avais raison.

À 12 ans, j'ai lu le premier tome de Conversations avec Dieu *de Neale Donald Walsch. J'ai adoré ce dialogue et j'avais l'impression de comprendre le fonctionnement de la vie sur Terre. Un voile se levait sur la réalité, ou plutôt sur l'illusion de la vie.*

J'ai commencé à échanger avec mon père qui s'ouvrait de plus en plus à la spiritualité et à la psychologie.

Je n'ai jamais douté de ton existence, mon âme. J'ai seulement oublié en essayant de plaire aux autres de m'adapter aux règles sur Terre... Mais c'était pour mieux te retrouver ☺.

Â : Quand un évènement « déplaisant » t'arrive, que fais-tu aujourd'hui pour le voir comme un cadeau ?

S : Je ne sais pas si j'y arrive complètement. J'apprends encore.

J'essaie, dans un premier temps, d'accueillir le choc émotionnel. Je me promène en nature, je médite, je demande à mon compagnon de me serrer dans ses bras, je m'allonge ou je fais une séance d'EMDR[2] *avec mon père pour être plus en paix.*

Je prends soin de moi et je me concentre sur mon bien-être.

Dans cet espace silencieux, je laisse venir des images, des sons et des sensations. J'ouvre mon cœur et je respire.

2. L'*Eye Movement Desensitization and Reprocessing* est une méthode, inventée par Francine Shapiro, pour cicatriser des traumatismes passés par une stimulation latérale visuelle, auditive ou kinesthésique.

Je peux recevoir des informations via *mes perceptions et des pistes de réflexion ou d'idées. J'accueille et reviens en paix.*

Ensuite, je réfléchis : « Parmi les idées ou les perceptions que j'ai reçues, quelles sont les pistes à envisager ? »

J'en explore une ou plusieurs en demandant conseil, en ressentant ce qui résonne comme étant juste pour moi et en enclenchant quelques actions.

Ces allers-retours entre réflexion et méditation sont essentiels pour moi. Ils m'aident à ressentir le ou les chemins les plus justes.

Quand je suis en paix avec l'évènement, je me demande : « Qu'est-ce que j'apprends aujourd'hui ? » Et je complète ma phrase, « j'apprends à... », par exemple, m'aimer comme je suis, avoir confiance en la vie, prendre soin de moi, célébrer la vie...

Je renforce un apprentissage qui est essentiel. Par exemple, l'apprentissage « avoir confiance en la vie » est souvent présent dans ma vie.
« Est-ce que je vais avoir un enfant qui vit ? »
La réponse est « aie confiance en la vie ».

« Est-ce que je vais réussir à avoir mon permis de travail en Suisse ? »
La réponse est « aie confiance en la vie ».

« Est-ce qu'on va réussir à avoir un prêt de la banque, même après six refus ? »
La réponse est « aie confiance en la vie ».

Même si mon esprit pensant préférerait avoir une réponse plus concrète, cet apprentissage revient régulièrement.

L'apprentissage est un des plus beaux cadeaux de la vie. Je change et je vois ma tranquillité d'esprit grandir. Je suis plus sereine, plus vivante et plus souriante ☺.

C'est comme si la vie me proposait un chemin d'expérience où je me découvre de plus en plus et où j'apprends à sourire à la vie même en pleine tempête.

Je ne suis pas plus heureuse, mais plus à l'écoute de la vie en moi. Si je suis triste, je me fais du bien. Si je suis heureuse, je partage à toutes mes cellules cette énergie. Je suis plus présente et aimante à ce qui se présente à moi.

Ce n'est pas parfait pour mon esprit pensant qui doute, mais c'est plus léger et serein qu'auparavant.

CHAPITRE

4

Accueillir les expériences

Sarah : J'aime bien ce dialogue avec toi, même si j'ignore où il nous mène. Je découvre au fur et à mesure de l'écriture la direction que tu suis.

Âme : C'est un peu ça la vie ? Ne pas savoir exactement ce qui va se passer, se laisser surprendre et célébrer un peu plus qui on EST ?

Qu'aimerais-tu savoir de plus sur moi ou sur l'Univers ?

S : J'aimerais bien recevoir plus d'explications sur le temps. Comment est-il possible que le temps n'existe pas pour l'âme et qu'il soit très présent sur Terre ?

Cela signifie-t-il que nous vivons toutes nos vies en même temps et qu'elles sont toutes reliées ?

Â : Le temps est un concept que votre esprit pensant a parfois du mal à saisir. Vois-le comme des vies simultanées qui se joignent de temps en temps par des portes. Ces portes sont présentes lorsque tu reçois des flashs de vies passées, quand tu es sur un même lieu, en touchant des objets spécifiques ou en rencontrant des personnes.

Votre âme est ce lien, cette source entre toutes les vies. Elle prend soin de chaque corps et de chaque esprit pensant simultanément.

S : Une vie impacte-t-elle les autres ?

Â : Quand j'évolue, j'évolue auprès de toutes mes vies.

S : Mais si tu évolues dans une vie, cela signifie-t-il que les autres vies changent ? Comment est-il possible qu'une vie qui soit passée change ? La mort peut-elle aussi changer ?

Â : J'essaie de trouver une métaphore que tu puisses comprendre. Tout est enregistré dans ce que vous appelez les « Annales akashiques ».

Chaque expérience aide et contribue aux autres âmes à se reconnaître. Vous vous soutenez mutuellement. Si une personne change, elle modifie son environnement.

C'est un peu comme si tu vivais dans un jeu vidéo et que chaque vie impacte les autres jouées antérieurement ou postérieurement. Quand tu as trouvé une clé de réussite dans un niveau, tu peux ensuite la partager avec d'autres joueurs qui ne l'ont pas trouvée.

Tu peux rejouer des parties précédentes, même si tu connais son déroulé. Et chaque partie sera néanmoins différente.

Est-ce plus clair ?

S : Oui, un peu. C'est déroutant de savoir que j'ai déjà vécu cette vie plusieurs fois. Je me sens encore plus obligée d'effectuer les « bons choix ».

 : Tu expérimentes. Tu fais l'expérience de la joie d'être sur Terre, de contribuer, de transmettre et de découvrir qui tu ES.

◇◇◇

J'aime beaucoup ton expérience
de vie sur Terre,
car tu t'autorises de plus en plus
à commettre des erreurs.
Ainsi, tu apprends et grandis.

◇◇◇

La perfection te fige et t'empêche d'évoluer. C'est comme si tu restais coincée dans un niveau de jeu.

J'aime quand tu prends de la distance sur ce que tu vis et que tu changes ta vision de la vie pour apporter plus de flexibilité, de légèreté et de sagesse.

S : Je reviens sur une question précédente. Comment contribuer au bien-être d'autrui sans vouloir le sauver, sans « prendre » sa sensation de mal-être ?

Â : Tu as choisi de faire l'expérience de cette vie sur Terre avec ton superpouvoir : ressentir intensément la vie et les énergies. Là fut notre choix.

Tu apprends à être connectée et centrée, même si des proches souffrent. Continue de faire l'expérience de cette dualité : une partie comprend que chaque être sur Terre avance à son propre chemin dans l'écoute éventuelle de sa partie divine, et une seconde partie a cette empathie excessive qui a envie de soulager leur douleur.

Tu as conscience que c'est inutile
de se faire du souci pour les autres
et tu continues d'honorer leur destin.
Pense à eux, baisse la tête puis dis :
« J'honore leur destin. »

La mort fait partie du destin de chacun et tu peux l'imaginer devant eux, représentée par une femme se tenant debout. Chacun a son chemin. Reste humble sur le tien et aie confiance en ce qui les guide.

Puis différencie ton ressenti de celui des autres. Quand tu prends conscience qu'une sensation est étrange, fais une pause et médite.

Marche dans la nature, écris-moi ou respire pour revenir en ton centre. Continue de pratiquer et d'expérimenter ce qui t'aide, sans jugement.

Tu peux imaginer une bulle de lumière divine t'entourant. Respire et imagine cette lumière inonder ton corps d'énergie divine. Puis visualise cette lumière grandir et entourer une personne à côté de toi. Laisse cette lumière se propager.

Qu'aimerais-tu vivre aujourd'hui vis-à-vis de cette expérience ?

S : François Lemay, lors d'une immersion au Mexique, m'a fait comprendre que mon « hypersensibilité » était une histoire que je me racontais, que je pouvais changer ma vision et ma perception.

C'est assez déroutant de prendre conscience que notre vision du monde est fondée sur nos croyances et que tout est sujet à interprétation. En changeant nos pensées, nous transformons notre réalité et notre vision des évènements.

Depuis cet échange, je n'aime plus dire que je suis « hypersensible », car cela impacte encore plus ma vie de le penser. C'est comme si je disais à mon corps : « Je ne peux pas digérer cet aliment, car je suis hypersensible et ressens comment les traitements de cet aliment, ou comment vivent les personnes l'ayant cultivé. »

Mon corps est un incroyable allié, et dépend parfois de mes pensées.

J'aimerais honorer le destin de chacun en ayant plus foi en la vie. J'aimerais me sentir connectée à toi, mon âme, même si une personne va mal à côté de moi.

Quand une personne se plaint ou pose dix mille milliards de questions, je me déconnecte et me perds. Dans ces moments, je mange pour m'apaiser.

Le fait de voir, de sentir ou d'entendre ce que les autres ne perçoivent pas me met dans une position parfois très inconfortable.

Aurais-tu un conseil pour que je reste connectée à toi et à ma source ?

Â : Ris et reste reliée à ton centre. Observe les mécanismes de ta pensée et baisse la tête. Montre le chemin à ton corps.

Quand tu es fatiguée, sens si tu as besoin de reposer ton esprit ou ton corps. Sors, marche, respire, écris, danse, cours... La vie est une expérience alors que ton esprit pensant croit qu'il y a un problème.

Face à un problème, fais une pause et respire. Écris tes pensées et reconnecte-toi à cet espace intérieur de quiétude.

Tes pensées ne t'aident pas à résoudre ton problème. En revenant à la source, tu te reconnectes à ton être divin qui connaît le champ des possibles et qui t'aide à ressentir ce qui est juste.

Accepte de lâcher ce que tu désires. Sois dans ce vide, ce silence intérieur où tout est présent. Fais-le avec joie.

◇◇◇◇◇◇◇◇◇◇◇◇◇◇◇◇◇◇◇◇◇◇◇◇◇◇◇◇◇◇◇◇◇◇◇◇◇

Fais que toute ta vie soit une méditation.
Marche en conscience,
prépare à dîner en conscience,
fais l'amour en conscience,
brosse-toi les dents en conscience.

◇◇◇◇◇◇◇◇◇◇◇◇◇◇◇◇◇◇◇◇◇◇◇◇◇◇◇◇◇◇◇◇◇◇◇◇◇

Amuse-toi à revenir ici et maintenant, pleinement connectée à ce que tu fais. C'est un chemin et une expérience unique en soi.

Les doutes et les certitudes font simultanément partie du chemin.

S : Comment être en paix malgré tout, même quand l'énergie est absente ?

Â : Accueille chaque cycle. Accepte que chaque évènement soit une bénédiction et un cadeau, même si tu n'en comprends pas la raison.

Tu n'as pas assez de clients ? Vois-le comme un cadeau.
Tu n'as pas trouvé la maison de tes rêves ? Vois-le comme un cadeau.
Ton mari t'a trompée ? Vois-le comme un cadeau.

Ce cadeau est la reconnexion à ton âme, d'apprendre à évoluer et à redéfinir qui tu ES.

Ton esprit pensant croit que tout est sous contrôle et que tout est immuable. Observe la nature et calque-toi sur elle. Elle t'apprend les cycles de vie et de mort, à régénérer, à cohabiter et à collaborer avec ton environnement, attentive à tes perceptions.

Quand surgit une épreuve que tu considères comme un malheur, prends soin de toi. Accueille le choc émotionnel et demande de l'aide.

Puis demande-toi : « Que suis-je en train d'apprendre grâce à cet évènement ? »

Si ton mari t'a trompée, tu as peut-être redéfini votre relation. Tu as peut-être osé demander de l'aide, appris à t'exprimer, à redécouvrir qui tu étais. Ou même as-tu peut-être appris à avoir confiance en toi et à t'aimer comme tu ES.

Je suis toujours à tes côtés, même dans les moments où tu penses être seule. Demande-toi de l'aide, relie-toi à moi et aie confiance.

Quand le tunnel est sombre, allume ta lumière intérieure sans attendre celle au fond du tunnel. Souris, respire, connecte-toi à la nature, demande de l'aide à tes proches, médite, cuisine, danse, dessine... Sois en vie et célèbre cette vie en toi, peu importent les évènements.

S : Mon âme, es-tu contente de vivre avec moi ? Parfois, j'ai l'impression que mon esprit et mon âme ne sont pas alignés, quand un projet de cœur ne fonctionne pas comme prévu ? Ou quand un de mes rêves met du temps à se réaliser ?

Â : Je ne porte aucun jugement sur l'être humain. Je suis dans un espace où tout est présent, où toute action n'est ni bien ni mal. J'observe et apprends des incohérences entre ce que je désire et ce que ton esprit souhaite.

J'ai du plaisir à observer la manifestation du vivant sur Terre. Nous deux, âme et esprit pensant, ne pouvons pas vivre sur Terre sans un corps.

Pour répondre à ta question, chaque expérience est unique. Ton esprit pensant va juger si un projet a fonctionné ou non. Il se fonde sur ses propres critères.

J'évalue l'expérience dans son intégralité. Si un projet que tu as lancé a été rentable pendant deux ans et que la vie te propose de l'arrêter, l'explication de ton esprit sera différente de celle de ton âme. Ton esprit va peut-être penser qu'il a mal agi, identifier les erreurs qu'il a commises, les blocages qu'il n'a pas su éviter… ou s'ouvrir à une nouvelle opportunité en profitant des enseignements de l'expérience précédente.

Il va grandir et évoluer pour se retrouver.

Le passé est déjà en toi à travers les apprentissages.

Tu seras émerveillée par la beauté de la vie s'exprimant en chaque évènement. En te détachant des circonstances passées, tu continues à changer, à grandir et à te rapprocher de toi-même.

Assure-toi que ton corps est aussi en accord avec ton âme, tout comme ton esprit. Ton corps a besoin d'énergie, de repos, d'eau et de flexibilité, même si tes rêves sont purement intellectuels.

J'ai conscience que tu as envie de connaître la suite et la fin de la mélodie. Je te le dis avec beaucoup d'amour, il n'existe aucune fin, seulement une expérience qui continue de vivre à l'intérieur de toi. Même la mort n'est pas une fin en soi, seulement la fin d'une grande expérience et le début d'une nouvelle.

S : Parfois j'ai des flashs de vies passées et d'évènements futurs. Comment puis-je les interpréter ?

Â : Accueille et souris. Tu grandis et accèdes à de nouveaux espaces de connexion à ton âme et à l'espace-temps. Tu captes des informations venant de plans supérieurs.

Tu peux vivre dans deux espaces simultanément. Tout en ayant conscience de ton pouvoir illimité, divin, et connecté à toutes les énergies qui t'entourent, tu peux en même temps hésiter sur la composition du plat que tu vas préparer.

Souris et ris. Ne te prends jamais au sérieux. Le rire est bon pour l'âme. J'aime quand tu souris à la vie et reviens à l'essentiel.

Réussir ou échouer, peu importe. Seuls comptent l'expérience et l'apprentissage que tu en retires.

S : Comment vivre encore plus l'abondance ? Vivre en Suisse me demande plus de ressources et je n'ai pas encore réussi à trouver l'équilibre financier.

Â : Aujourd'hui, célèbre que tes parents puissent et veuillent encore t'aider. Cette période de chamboulement planétaire n'est pas de ton ressort. Tu n'es pas la seule à cocréer. Ton environnement cocrée avec toi.

Même si une partie de toi est d'accord avec tout ce que tu vis, ton esprit pensant veut souvent s'opposer à la vie.

Je m'explique. Ce n'est pas toi ou les autres. L'expérience de chacun est entremêlée par le choix des autres. Si la personne avec laquelle tu vis râle dès le matin et voit la vie en noir, tu seras impactée par cette énergie car tu vivras un peu de sa réalité.

L'idée n'est pas de vivre seul, mais d'avoir conscience de la qualité des relations et de comment l'énergie des autres peut aider à grandir.

Tu crées ta réalité par tes pensées, tes paroles et tes actions. Un même évènement peut avoir différentes répercussions sur ta vie.

Tout évènement a été validé par l'âme pour t'aider à grandir et à évoluer. Mais, comme tu ne vis pas seule sur Terre, tu es en mode de cocréation mondiale. La réalité que tu crées impacte la vie des autres.

Reprenons l'exemple du compagnon qui voit la vie en noir. Imaginons qu'il voit en chaque occasion une manière de grandir et qu'il te soutienne à chaque pas. Comment serait ta vie ?

Prends conscience de tes relations et ressens qu'une seule vérité est impossible sur Terre. Chaque personne crée sa propre réalité afin d'évoluer.

Tu as une partie divine oui ! Mais, comme tu cocrées avec l'Univers, reste humble en gardant la foi.

S : Cela veut-il dire que même si l'esprit pensant, le corps et l'âme sont alignés, un projet ou un rêve peut ne pas se réaliser si la Grande Âme a un autre projet ?

Â : Oui, c'est exactement cela. Chaque âme est reliée aux autres et au Grand-Tout, la Grande Âme, l'Énergie divine, la Source ou Dieu.

En étant connectée à cette source, je me rappelle moi aussi mon chemin de croissance.

S : Es-tu toujours connectée au Grand-Tout ? Ou te déconnectes-tu certains moments ?

Â : J'ai plusieurs facettes et énergies en moi.
Pour vivre cette connexion,
j'ai besoin d'être parfois déconnectée.
Quand je ne suis pas sur Terre,
je sais TOUT.
Je suis comme une goutte d'eau dans l'océan.
Est-ce que je sais qui je suis
ou suis-je baignée par l'immensité
des milliards de gouttes qui m'entourent ?

Quand je vis sur Terre, je fais l'expérience de cette Unité en étant également séparée, grâce à l'esprit pensant et au corps.

J'aime la séparation, tout comme j'aime l'Unité. Les deux sont importantes afin de faire l'expérience de l'Unité.

Je fais la différence entre la connaissance et l'existence. C'est en expérimentant que je découvre qui je suis, en relation avec le sexe, l'argent, les relations, le travail...

J'expérimente qui je suis dans toutes les facettes de mon être.

S : Mais si tu continues d'apprendre, à travers toutes ces vies dans différents espaces-temps, n'es-tu pas épuisée d'être sur Terre, de vivre certaines souffrances pour grandir et évoluer ?

Â : J'ai de l'empathie pour chacun de mes esprits pensants et de mes corps, mais de là où je suis, je ne souffre pas.

Parfois l'esprit se torture et le corps souffre, mais l'âme est rarement traumatisée. Je suis reliée aux âmes de ma famille et de mes proches, et je sais que ce n'est qu'une expérience.

Je garde en mémoire mes vies passées ou futures et suis en paix avec elles.

Je sais qu'en lisant ces lignes tu peux avoir la tête qui tourne. Pourquoi ne pas se rappeler tous ces apprentissages et ces expériences passées pour ne plus les revivre ? Pourquoi passer par des épreuves remplies de souffrance pour ton esprit pensant ou ton corps ?

Je me recrée à chaque instant. La question que tu peux te poser aujourd'hui est : préfères-tu rester dans le noir et avancer sans savoir que tu as cette capacité de te relier au Grand-Tout et de cocréer ta propre réalité ou préfères-tu être en lien avec ton âme et te laisser aller dans le courant de la vie, en sachant qu'à chaque expérience tu grandis ?

Préfères-tu que ce soit « plan-plan » ou préfères-tu évoluer ?

Tu n'as pas besoin d'avoir
un grand destin, d'être le héros d'une nation
ou de sauver le monde !
Fais juste l'expérience de qui tu ES,
à tout instant, en étant la meilleure version
de toi-même dans la création.
Cela demande de la sagesse
et de la conscience.

Sois authentique. Sois le plus possible authentique avec qui tu es.
Si tu penses à ta relation amoureuse ou à une relation amicale, demande-toi : « Est-ce qu'elle définit qui je suis ? Suis-je authentique dans cette relation ? »

Sois honnête avec toi-même. Même si tu n'aimes pas la réalité, embrasse l'aventure de la vie. Ne cherche pas à rester dans une sécurité illusoire.

S : Par où commencer ? Si l'on a conscience qu'un aspect ou qu'un domaine de notre vie ne correspond pas à qui l'on EST, comment changer cette réalité ?

Â : La première étape est d'accueillir qui tu ES dans cette réalité. Ouvre ton cœur et offre-toi de la bienveillance. Se juger est inutile et contre-productif.

Aime toutes les facettes de qui tu ES. Sois « un peu » de tout. Sois un peu folle, égoïste, aimante, violente, joyeuse, déprimée… Sois un peu de tout, à ta juste mesure. Ne rejette aucune partie de toi-même. Sois transparente et aimante avec toi-même.

Sois en paix avec cet évènement. Si tu apprends une « mauvaise » nouvelle, offre-toi de l'amour, de la compassion et de la bienveillance. Ose demander de l'aide pour être plus en paix.

Puis demande-toi : « Que suis-je en train d'apprendre ? » Si tu as une réponse à cette question, vois comment tu peux célébrer et diffuser cet apprentissage à toutes les cellules de ton corps. Visualise une lumière envahir ton corps. Puis dis : « Merci, encore. »

Demande encore plus d'expériences pour t'aider à amplifier cet apprentissage, jusqu'à ce qu'il devienne une partie de toi-même.

Ose en demander plus. Quand tu vivras intensément chaque évènement, cette perle de sagesse sera en toi. Tu pourras la diffuser et l'amplifier encore plus.

Car tout est déjà à l'intérieur de toi. Mais tant que tu ne vis pas l'expérience, tu ne l'incorpores pas comme étant vraie dans ta réalité. Vis-la et célèbre-la.

S : Depuis que je vis en Suisse, je me rends compte que ma relation à l'argent change. Je me sens très chanceuse d'avoir un toit, de quoi me nourrir et profiter de la vie, et en même temps je me sens dépendante financièrement de mes parents car je leur demande de l'aide.

Â : Tu oses demander de l'aide à tes proches. Tu comprends que l'argent n'est pas le problème et n'en a jamais été un, mais que tu changes ta relation avec l'argent. Tu crois en manquer. Tu as cette impression que tu n'as pas assez d'argent.

L'argent est, comme tu le sais, une énergie de vie et d'échange. Tu donnes et tu reçois. Tu donnes du temps, de l'information ou de l'énergie à quelqu'un et tu demandes un équilibre en échange.

Transforme cette vision par une autre. Et si tu avais autant d'argent que tu ne le souhaites, quelle serait ton expérience ? Que dirais-tu de toi ?

S : Je me dirais que j'ai de la chance et que la vie peut être simple et légère.

Â : Es-tu d'accord à 100 % avec cette croyance ?

S : J'aimerais croire que oui. L'expérience est-elle la seule à le confirmer ?

Â : Lâche encore plus tes croyances sur toi-même et sur la vie.

Sens que tous tes besoins sont ou seront remplis. Et vois la beauté derrière ce que tu traverses comme période.

S : Peux-tu m'en dire plus sur la relation à l'argent ? Est-ce la célébration de la vie ?

Â : L'argent est un moyen d'échange entre humains.

Tu choisis (ou plutôt je choisis) de créer des expériences de relations à l'argent. Que se passe-t-il lorsque je n'en ai pas ? Ou quand j'en ai beaucoup ?

Sarah, j'aime jouer et évoluer. Je suis désolée si cela est difficile pour ton esprit pensant. J'apprends et grandis dans ma relation à la nourriture, à l'argent, aux biens matériels, au travail...

Vas-tu me demander comment en avoir plus, non ?

S : Je suis curieuse de savoir si je peux apprendre tout en étant à l'aise financièrement ?

Â : Une partie de toi croit encore que ton don est un cadeau que tu DOIS partager avec tous. Tu as eu des bribes d'une vie passée que tu as consacrée à transmettre et à canaliser des messages divins. La communauté prenait soin de toi et tu donnais de ton temps.

Tu peux continuer de donner et de transmettre tes partages avec ou sans demander de l'argent.

L'Univers prend soin de toi, que ce soit aujourd'hui avec tes parents qui te prêtent ou te donnent de l'argent, ou sous d'autres formes.

Tu es toujours soutenue et épaulée. Et si tu venais à manquer d'argent, vois-le comme une bénédiction. Vois-le comme un magnifique cadeau d'expérimenter une nouvelle forme de relation avec l'argent et tes proches.

Tu es très créative et tu as appris à oser demander. Continue sur ce chemin et rappelle-toi que tout n'est qu'illusion.

Tu as déjà tout à l'intérieur de toi. Tu crées ton expérience. Embrasse cette période de vie où tu penses manquer d'argent. Accueille-la et dis « merci ».

Ainsi, l'expérience changera. Continue de visualiser des opportunités nouvelles et d'ouvrir ton esprit.

Quand tu commences à créer ta réalité de l'intérieur, tu envoies un message fort à la création. Cela signifie que tu es prête à changer de direction.

Après tes visualisations, lâche tes attentes. Fais-toi confiance et laisse-toi aller, comme si tu observais un paysage.

L'argent circule. Visualise une source au-dessus de toi et ouvre son robinet. Vois ce qui apparaît et souris. La vie prend soin de toi.

Parfois ton âme a besoin de faire découvrir de nouvelles choses. Fais-lui confiance et souris à cette nouvelle expérience d'avoir moins d'argent qu'avant.

◇◇

La vie est une aventure.
Rassure ton esprit et amuse-toi avec moi dans cette aventure.

◇◇

Évite de rester figée. Expérimente et souris.

Aujourd'hui tu apprends à créer de l'espace dans ta vie. Ce dialogue provient de cet espace vide que tu t'offres. Célèbre la vie.

Rappelle-toi, même en plein brouillard, je suis là à tes côtés.

Â : Qu'apprends-tu selon toi pendant cette période de flou ?

S : J'apprends à rester centrée, à prendre de la distance sur ce que je vis, à être plus en paix et à lâcher mes attentes. J'apprends à célébrer la vie telle qu'elle est et à avoir plus confiance en l'avenir. J'apprends aussi à demander de l'aide à mes proches.

Je sais que tout peut changer, mais aujourd'hui comment amplifier mon apprentissage, comme tu le suggères, pour que ma réalité change ?

Â : Tu n'as pas fini ton apprentissage ; tu ne connais pas la suite de l'histoire. Tu as juste besoin d'avoir confiance en moi et en la vie. Je te demande de lâcher et d'avoir le cœur léger, même si tu ne sais pas comment payer ton loyer lors des prochains mois.

Vois-tu la beauté de l'expérience ? Tu ne peux pas faire l'expérience d'avoir confiance en la vie si tout va bien ! C'est dans les épreuves que j'apprends le plus. Je suis désolée d'être si honnête avec toi, mais j'aime cette expérience que tu traverses. Elle me fait grandir.

S : Je sais qu'elle me fait grandir, même si elle est stressante à certains moments. Que puis-je faire alors maintenant ? Que me conseillerais-tu de vivre ?

Â : Sois patiente et continue d'avancer. Reviens plus souvent centrée et souris. Fais comme si les solutions étaient déjà présentes sur ton chemin et que tu allais les découvrir au fur et à mesure des semaines ou des mois à venir.

S : Et si je fais de mauvais choix ?

Â : Tu continues toujours d'apprendre. J'aime les « bons » et les « mauvais » choix. J'aime l'expérience.

S : Est-ce possible que ce soit légèrement plus fluide ? Légèrement plus agréable ?

Â : Hahaha ! Tu me fais rire. Tu essaies de négocier avec moi et l'Univers, n'est-ce pas ? Concentre ton esprit sur ce que tu as et ressens la grâce. Dans cet espace, ton niveau d'énergie est élevé et tu verras que tu es déjà arrivée, que tout est déjà là en toi.

◇◇

Dans cet espace,
tu accélères l'apprentissage et l'expérience.
Sois dans la gratitude
pour attirer de nouvelles possibilités.

◇◇

Reviens avec simplicité aux tâches récurrentes de la vie et sens que tu peux avoir du plaisir à les vivre. Sens-toi remplie d'amour et de gratitude pour ce que la vie t'offre.

Et prends plus soin de ton corps, il est le gardien de ton âme. Quand tu prends soin de lui, tu te sens déjà plus légère, plus tonique et plus énergique.

Sors, fais des pauses, explore le monde et vois comment tu peux avoir du plaisir à vivre sur Terre. Ainsi la vie te semblera plus douce, même si tu traverses des tempêtes.

Accorde-toi des temps de pause. Respire. Savoure. Reviens dans la simplicité des tâches quotidiennes et vois comment tu peux prendre du plaisir à être, dans ton corps, présente à ce qui EST.

Regarde une personne que tu aimes dans les yeux et ressens l'effet dans ton corps. Tu vis dans un corps. Ne le vois pas seulement comme un accessoire. Sois consciente de sa présence et honore la vie en lui.

Étire-toi, mets-le en mouvement, fais des pauses, dis-lui des mots doux, donne-lui du plaisir, masse-le, réchauffe-le, épuise-le ! Sois pleinement consciente de sa présence.

Il t'aime tel que tu ES. Il est au service de ton esprit et en contact permanent avec ton âme. Sois également consciente des moments où il stresse. Écoute-le et demande-lui conseil.

Dans tes messages d'âme, Sarah, tu reçois souvent ce conseil de faire une pause et de demander au corps : « Mon corps, de quoi as-tu besoin maintenant ? » Après une courte pause, laisse venir un message.

Juste par la respiration, tu peux être en permanence en contact avec ton corps. Respire en conscience, marche en conscience, cuisine en conscience. En conscience veut dire être présente à ce que tu fais. Observe en étant focalisée sur ce que tu fais ou comment tu te sens.

Être là. Présent.

Oui, cela demande de l'entraînement, mais quel plaisir d'être pleinement présent et vivant. Tu te sens pleine, remplie d'énergie, connectée au Grand-Tout et à qui tu ES.

Tu te rappelles qui tu ES.

S : Comment éviter de se comparer ? Quand on parle du corps, je pense à mon ventre qui gonfle souvent. Je me compare alors aux personnes qui ont un ventre plat. Je sais que je suis bien comme je suis et que je peux agir pour dégonfler mon ventre.
Et, en même temps, je continue de rêver d'un corps que je n'ai pas.

Â : Sois bienveillante avec toi-même. L'esprit aime se comparer. Le plus important est de prendre conscience que cette pensée de comparaison vient de ton esprit pensant. Ton âme a choisi ton corps tel qu'il EST.

Le fait de se comparer est positif car tu prends conscience de qui tu ES en fonction de ton environnement extérieur. Tu es différente des autres qui t'entourent. Ton corps est différent.

◇◇

Au lieu de te critiquer,
célèbre ton corps tel qu'il EST
et aime-le profondément.
Ouvre ton cœur et imagine
cette vibration d'amour envahir ton corps.
Il baigne dans une énergie vibrante,
chaleureuse et aimante.

◇◇

Puis demande-lui : « Que puis-je faire pour toi ? » Attends un peu et laisse venir une réponse. Elle peut être très simple : « Bois plus d'eau », « Va courir », ou « Merci ».

La santé est un aspect important. En tant qu'âme, j'aime quand tu prends soin de ton corps. Cela veut dire que tu honores la vie.

Et sache que tu peux changer. Le corps se régénère chaque jour. Vingt milliards de cellules meurent chaque jour, et sont en permanence remplacées.

S : Oui, j'avais lu que presque toutes les cellules du corps se régénèrent... en permanence ! Les cellules de la peau en moins d'un mois, les globules rouges en trois mois, le squelette en dix ans, les muscles en quinze ans. Seuls les ovocytes et certaines cellules dans le cerveau et dans le cœur ne se renouvellent pas ou très peu.

J'aime beaucoup ce dialogue qui me permet d'être plus en contact avec ma partie divine (toi !) et mon corps.

Comment accueillir la vie telle qu'elle est ? Comment éviter de vouloir et d'avoir des attentes sur sa vie ?

J'ai des moments où je rêve d'être connue, interviewée dans des émissions de télévision, ou d'animer des conférences devant des milliers de personnes. Et je me rends bien compte que cette attente vient de mon esprit pensant, qui voit la vie comme un monde où il doit se battre pour avoir une place, ou pour être aimé ou reconnu.

À certains moments de ma vie, cette ambition m'a épuisée. C'est comme si je cramais ma machine avant l'heure. Quand je travaillais en marketing, j'avais moins besoin d'être attentive à mon énergie, mon calme et ma créativité. Je pouvais travailler dix heures d'affilée et arrivais à être efficace même en étant épuisée.

Aujourd'hui, je suis plus attentive à mon énergie, mes envies et mes besoins. À certains moments, je suis très efficace dans mon travail. Je crée facilement une formation en ligne, un contenu d'ateliers, j'écris une partie de mon livre ou j'anime une conférence... et à d'autres moments, je suis fatiguée et ma motivation baisse.

Je peux partager un moment avec une personne qui souffre et là, boum ! Impossible de bosser pendant une demi-journée.

En l'écrivant, j'ai bien conscience que la vie avance sous forme de cycles et que j'ai besoin de me ressourcer à certains moments. Et, en même temps, je culpabilise de ne pas aller assez vite que j'aimerais.

Aurais-tu un conseil pour accueillir ce qui EST sans culpabiliser ?

Â : Tu n'as pas besoin d'être différente de ce que tu ES déjà. Comme le disait Rémi Tremblay, en écoutant la vie, elle te demande toujours ce dont tu es capable de donner sur le moment.

Le fait d'être moins sollicitée est une preuve de sagesse et de ressourcement. La vie avance sous forme de cycles. Aime chaque cycle, de la naissance à la mort.

Comme le dit François Lemay, apprends à mourir d'une version de toi-même pour changer. Aime chacune de ces phases.

Et si tu culpabilises, fais-le un peu et, ensuite, profite. Dans votre système scolaire, on ne vous enseigne pas à apprendre et à grandir, on vous enseigne à lutter et à vous comparer par des notes.

Observe la nature si tu veux apprendre à son contact. Certains animaux hibernent tout un hiver. Culpabilisent-ils ? Certains félins ratent leur proie dans plus de 90 % des cas. Arrêtent-ils de chasser pour autant ?

La nature te montre comment la vie est présente sur Terre. Choisis ensuite ta voie, ta particularité et ton chemin d'expérience.

Quand tu doutes, quand tu te questionnes, quand tu te sens seule, va dans la nature, dans cet espace d'émerveillement. Contemple-la et ressens sa présence. Elle t'apaise, te ressource et te permet de te sentir en vie.

Il est inutile de chercher de l'attention dans le regard d'autrui, de monopoliser la parole dans les discussions ou de surfer sur les réseaux sociaux pour te reconnecter à ta partie divine. Tu recherches l'attention à l'extérieur, alors que la réponse est à l'intérieur de toi.

La source est et sera toujours en toi.

Elle se trouve dans le silence, dans cette qualité de présence. Autorise-toi à plonger dedans en lâchant tes peurs.

Et tu ne peux pas dire que tu ne peux y arriver, tant que tu n'as pas essayé de nombreuses fois. Combien de temps fut nécessaire pour apprendre à marcher ? As-tu abandonné ? Peut-être que tu as fait des pauses entre chaque essai, mais tu as continué de persévérer et d'apprendre.

Pourquoi as-tu peur de plonger dans le silence ?

La plupart des personnes ont peur de la mort, de ce passage de la dualité à l'Unité. Elles ont peur de ne plus exister. Mais ton âme est toujours là en toi. Elle continue son chemin d'expérience sur Terre et/ou ailleurs.

Dans la présence,
tu accèdes à une nouvelle forme de sagesse.
Ton esprit est tranquille et tu ES.

Tu ES en contact avec ta partie divine et en lien avec le monde qui t'entoure. Tu ES et tu as conscience de n'être qu'UN.

Beaucoup de tes questions n'ont pas besoin de réponses. Rappelle-toi la période difficile que tu as vécue après t'être lancée en entrepreneuriat. Tu as alors pris conscience que toutes tes questions étaient superflues quand tu te connectais à moi.

S : Oui, j'étais surprise de méditer dix minutes et de ne plus avoir de questions à te poser alors que j'en avais des centaines chaque jour. Je me rendais compte qu'elles étaient inutiles et indiquaient simplement que je stressais, et j'avais besoin d'être rassurée.

Â : Tu n'as pas besoin de connaître ton avenir. C'est comme si tu ne pouvais pas profiter du présent pleinement.

Quand tu penses et ressasses le passé, tu dis « non » à la vie en toi maintenant.
Quand tu imagines l'avenir, cela peut te ressourcer et t'aider à avancer sur ton chemin. Et en même temps, tu ne vis pas non plus le présent.

Le passé et l'avenir sont dans tes pensées. Seul le présent existe réellement.

Plus tu renforceras ce lien avec moi, plus tu resteras paisible et connectée au Grand-Tout.

S : Comment pourrais-tu définir le Grand-Tout ? Parfois j'ai la tête qui tourne en pensant à l'immensité de la création sur Terre ou ailleurs. Je me demande la raison ou le sens caché de toutes nos expériences.

Â : Le sens de Dieu, l'Énergie divine, le Grand-Tout est d'apprendre à se connaître par l'expérience. À travers toutes ses facettes, il expérimente qui il EST.

J'ai conscience que cette conversation est parfois un peu abstraite.

Imagine un champ de fleurs au printemps.
Certaines éclosent et d'autres fanent.
Dans chacune de ces phases,
chaque fleur exprime qui elle EST.
Il n'y a ni bien ni mal.
Simplement la vie qui traverse chaque fleur.

Dans mon exemple, la fleur a peu conscience d'être une fleur. Mais en ajoutant la conscience individuelle et collective, l'expérience devient plus profonde et enrichissante.

Ainsi l'énergie consciente évolue à chaque instant, en fonction de ses pensées, de ses paroles et de ses actions. Elle s'adapte à son environnement pour survivre et choisit de continuer ou non ce mode de survie. Elle peut décider d'enlever l'illusion de séparation et de vivre dans l'Unité. Faire l'expérience de l'Unité dans un monde de séparation.

S : La première fois que j'ai canalisé Dieu fut le soir de ma rencontre avec Neale Donald Walsch, auteur de Conversations avec Dieu.

J'ai été invitée à une de ses soirées privées. Nous étions une dizaine et nous avons pu l'interviewer pendant une heure.

J'ai aimé son humour. J'étais touchée de le voir et de converser avec lui. J'avais lu ses livres lorsque j'avais 12-13 ans. Ils m'avaient touchée profondément. Une partie de moi comprenait tout et chaque phrase résonnait juste.

Je m'amusais à lire un passage le matin et j'en faisais l'expérience dans la journée. J'avais envie de jouer et de tester ses enseignements pour vérifier leur véracité.

Le rencontrer m'a permis de créer un pont entre deux parties de moi-même : Sarah adolescente se posant des questions sur la vie et pensant être séparée de l'Unité, puis Sarah à 35 ans sentant que tous ses rêves étaient possibles.

Le soir, en rentrant chez mes parents, j'ai posé la question : « Dieu, moi aussi je peux communiquer avec toi ? » Et j'ai entendu : « Bien sûr Sarah. Tout le monde le peut. »

J'ai écrit depuis quelques messages de connexion à Dieu et j'aime me connecter à cette énergie.

J'aime m'asseoir à côté d'une personne et ressentir sa présence. C'est comme si elle m'autorisait à ouvrir un espace qui était déjà en moi depuis le début.

J'aime plonger et observer le monde intérieur d'autrui. Aujourd'hui, je choisis de le faire avec des personnes que j'admire.

J'ai également beaucoup aimé rencontrer Marshall Rosenberg, fondateur de la Communication NonViolente, lors d'un séminaire de dix jours au Nouveau-Mexique.

Adolescente, j'avais du mal à m'exprimer. J'avais l'impression de vivre des émotions intenses qui me dépassaient. Mes perceptions étaient souvent à l'opposé des règles que je souhaitais suivre.

Savoir exprimer ce qui est vivant en soi demande de l'entraînement. Et j'ai été ravie de le rencontrer et de m'entraîner à explorer mes besoins et à oser les exprimer.

Dans ce séminaire, j'ai adoré l'espace qu'il avait créé pour le groupe. Chacun pouvait inscrire sur un tableau ce qu'il souhaitait offrir au groupe. Mon père organisait des séances de constellations familiales et ceux qui le souhaitaient pouvaient y participer le soir.

Le matin, une personne du groupe offrait un cadeau. Cela pouvait être un chant aborigène, une histoire incroyable, un chant, un poème… L'énergie créée dans le groupe était joyeuse, sincère et bienveillante.

Dès le premier soir, nous avions rencontré quelques personnes du groupe. Et le lendemain matin, j'ai été très triste. Je pleurais sans comprendre la raison. Mon père a testé son origine et m'a transmis le message : « Tu es triste car tu vas quitter le groupe. »

J'étais choquée. Comment pouvais-je être triste de quitter un groupe auquel je n'ai pas encore participé !

Mais mon âme (toi) savait que cette immersion de dix jours allait être incroyable. Vingt ans après, nous restons, mon père et moi, en relation avec quelques personnes du groupe.

Rencontrer ces personnes m'aide à retrouver le chemin de mon âme, à me rappeler que la bonté peut être présente sur Terre ! Que je ne suis jamais séparée de Dieu ou de mon âme.

La première fois que je me suis assise à côté de François Lemay, une partie de moi-même était très enthousiaste. J'avais envie de lui parler et d'échanger avec lui. Mais je me suis tue et j'ai attendu.

J'ai ressenti l'énergie qu'il dégageait et j'ai profité de ce calme qu'il partageait : un silence qui accueille et me reconnecte à ma partie divine.

Chaque être est spécial à sa manière.

Mon âme, qu'est-ce que j'apprends aujourd'hui ?

Â : Tu apprends à lâcher tes attentes de grandeur et à n'être RIEN, ou TOUT. Tu expérimentes d'être dans ce vide à disposition.
Comme ce dialogue que nous entreprenons. Tu ne sais pas où il mène. Tu entends chaque mot sans connaître la suite.

Je souhaite que ta vie continue de la même manière. Chaque pas est important. Tu peux oublier le pas précédent et être concentrée sur celui que tu entreprends.

Parfois, tu peux observer les premiers mètres du chemin. À d'autres moments, tu peux seulement avoir foi en la vie et te concentrer sur le pas que tu entreprends.

Là est le mystère de la vie. Même si tu habites au même endroit, garde cette énergie et ce pétillement d'aventure.

Chaque jour est une aventure.

Alors, au réveil souris.
Souris d'être en vie,
de te réveiller ou non
à côté d'une personne que tu aimes.
Souris au fait que la journée
va être une aventure.
Sois dans cette énergie chaque jour.

Quand tu as des envies de grandeur, souris et demande-toi : « Qu'est-ce qui est à l'agenda de mon âme ? »

Si je t'ai prévu du temps de relaxation pour toi, un temps de reconnexion à ton silence intérieur, ou un moment partagé avec ta famille... arrives-tu à écouter la beauté du message derrière ?

Certaines personnes cherchent la gloire, le succès ou le pouvoir. Elles sont déconnectées d'elles-mêmes et recherchent une approbation externe. Et peuvent se sentir de plus en plus seules.

Tu peux avoir du succès mais ne t'accroche pas à lui. Ne cours pas après lui. Reste simple et connectée à la vie.

S : Merci pour tes partages. Ils m'aident à me rappeler ma partie divine et à continuer de prendre de la distance sur ce que je vis.
Mon âme, je suis vraiment curieuse de savoir si ce dialogue que nous avons ensemble sera publié.

Au début de notre échange, j'ai envoyé le texte à mon père pour voir ce qu'il en pensait. Est-ce que ce dialogue pourrait plaire à d'autres personnes ?

J'ai cette chance d'avoir choisi de continuer à communiquer avec toi dans cette vie. Même si mes perceptions sont parfois trop intenses, je suis heureuse d'être en lien avec toi.

J'adore montrer aux autres personnes qu'elles aussi peuvent ressentir la présence de leur âme et dialoguer avec elle. C'est une ressource tellement importante dans ma vie que j'ai à cœur de le faire vivre à d'autres.

Depuis mon enfance, donner du sens à ma vie a été un objectif. Contribuer au bien-être d'autrui est un de mes besoins essentiels.

Je ressens beaucoup de bonheur à transmettre et à contribuer. Avec ou sans argent, je le fais naturellement.

J'ai conscience que j'aimerais tout offrir gratuitement. Et, en même temps, je peux avoir les deux, transmettre et gagner de l'argent. J'apprends encore à être sur ce chemin ☺.

Gagner de l'argent en marketing, au début de ma carrière, était plus simple que demander de l'argent pour une communication d'âme.

Comment lâcher cette croyance que j'ai aujourd'hui ?

Â : Imagine-toi remplie d'énergie de lumière dans tout ton corps. Imagine-toi paisible, heureuse et remplie d'énergie.

Le reste, je m'en occupe. Sois le plus présente à ce que tu fais. Cultive cet espace de paix intérieure et je m'occupe de laisser la magie opérer.

S : C'est si facile que ça ? ☺

Être présente amène de la magie dans sa vie ? J'ai l'impression que deux mondes se séparent. Celui de la méditation et de la présence où j'ai conscience d'être UN. Et l'autre monde où je me pose des questions et hésite sur ma vie.

Â : Les deux sont présents. Accueille la séparation dans ton cœur pour mieux vivre l'Unité dans tout ton être. Célèbre chaque instant, les moments de doute et de certitude.

Tout est là. Savoure et accepte de te « tromper » de temps en temps. Tu apprends.

S : Peux-tu m'en dire un peu plus sur les relations ? À un moment de ma vie, je me sentais tellement en décalage avec

certains amis et je me demandais s'il était juste de poursuivre la relation.

Â : Toute relation t'aide à grandir. La relation avec les membres de ta famille, avec ton compagnon (ou ta compagne), tes voisins... mais également ta relation avec la nature, ton environnement, l'argent, les biens matériels.

Toute relation t'aide à te définir.
Car ce que tu n'es pas
te permet de définir qui tu ES.

Quand tu es avec une personne qui se plaint, tu comprends que ta vision de la vie est différente de la sienne, qu'elle est plus positive et légère.

Aie des amis à l'opposé de toi, et qui partagent les mêmes valeurs. Chaque relation est sacrée et tu peux célébrer la beauté de chacune d'elles, quelle que soit sa durée.

Sois attentive à ce qui t'apporte de la joie et de la légèreté. As-tu du plaisir à voir cette personne ? Te sens-tu plus légère ou plus lourde après sa rencontre ?

Accepte de ne pas plaire à tout le monde et de mettre fin à certaines relations pour te sentir plus légère et plus heureuse.

Autorise-toi à t'éloigner des personnes qui abaissent ton énergie et t'épuisent.
Tu peux te sentir bien là où tu es. Tu as souvent entendu cette phrase lorsque ton père t'écrivait des messages d'âme.

Tu as parcouru le monde pendant quelques années, sans logement fixe. Tu peux te sentir bien sur Terre où que tu sois.

Tu as remarqué que la présence de la nature t'aidait à te sentir bien. En son contact, tu retrouves et te reconnectes à ta part divine. Tu te rappelles qui tu ES.

Tu peux te sentir bien là où tu ES.

Ton âme a choisi cette expérience de vie sur Terre. Tu as le choix de te sentir bien et de changer d'environnement.

S : Certaines personnes ne peuvent pas changer de lieu d'habitation, faute de moyens financiers ou de passeport international.

Â : C'est vrai, leur âme a choisi un autre chemin. Elles apprennent alors à se sentir bien là où elles sont pour le moment. Mais tout peut changer. Elles peuvent se recréer à chaque instant de leur vie.

Elles apprennent à se rappeler qui elles sont et à embrasser l'expérience pour grandir et se rapprocher d'elles-mêmes.

Plus vous vous centrez, plus vous amenez le calme intérieur, plus vous sortez de l'illusion de votre propre réalité et découvrez un nouveau chemin d'expérience.

La vie est une expérience où vous apprenez chaque jour.

S : Je suis toujours touchée par les destins difficiles. Pourquoi l'âme choisit-elle de s'incarner dans un pays où la famine, la guerre et la dictature sont présentes ?

Comment accueillir et être en paix avec notre destin, tout en contribuant à notre juste mesure à des causes qui nous tiennent à cœur ?

Faut-il juste accepter et/ou devons-nous contribuer également ?

Â : Il y a plusieurs niveaux de conscience.
Au niveau du Grand-Tout, tout est expérience. Tout est UN.

Au niveau de l'âme, elle choisit de faire une expérience pour se rappeler qui elle EST. De vivre l'Unité dans un monde séparé.

À son niveau, elle peut être, par exemple, touchée par la perte d'êtres chers. Mais elle n'est jamais fracturée car elle est énergie universelle. Dans chaque occasion elle apprend, même si l'expérience peut sembler difficile ou douloureuse.

Au niveau de l'esprit pensant, il apprend à être au service de l'âme. Il choisit de créer sa réalité dans l'environnement que l'âme a favorisé.

Les évènements restent les mêmes. Mais en les voyant différemment, par son libre arbitre de pensées, de paroles et d'actions, il peut créer une nouvelle réalité intérieure, qui changera les évènements extérieurs.

Au niveau du corps, celui-ci peut ressentir la douleur et la souffrance.

Plusieurs niveaux de conscience existent simultanément.

Oui, continue d'aider et de contribuer aux causes qui te semblent justes, en sachant qu'à un niveau supérieur chaque âme a choisi d'être sur Terre à ce moment-là dans cet environnement et cette famille.

Ton esprit pensant peut se sentir impuissant ou frustré car il n'est pas aux commandes de sa vie. Une autre conscience l'est : ton âme.

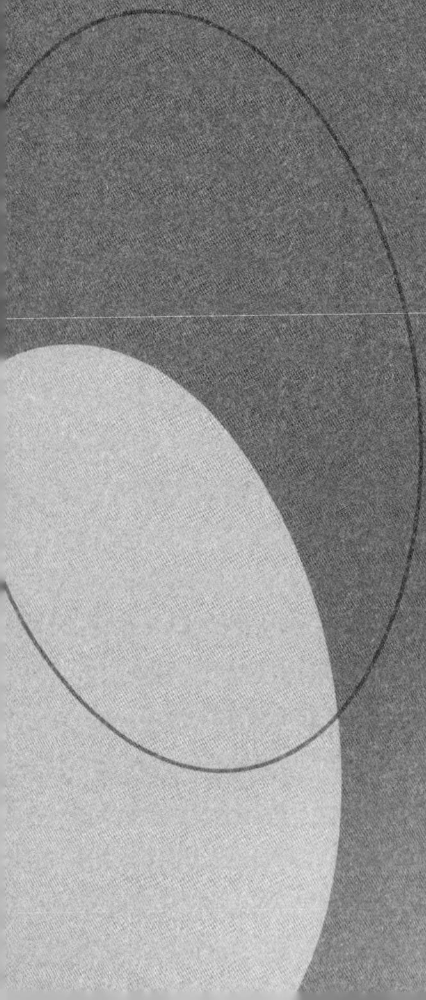

CHAPITRE

5

Se relier à sa partie divine

Âme : J'aimerais te parler du silence, de cet espace vide où tu te connectes pour te relier à moi, à tes guides, à tes anges gardiens… à tout ce qui EST vivant sur Terre et ailleurs.

Les humains, sur Terre, ont du mal à se relier à cette source de sagesse infinie. Pourquoi ?

Sarah : Je pense que nous avons oublié comment nous relier à notre partie divine. Nous n'apprenons pas à l'école à nous connecter à cette source de calme.

Nous sommes encore nombreux à vouloir démontrer qui l'on EST, à désirer être aimés par autrui et à nous sentir en vie par nos actions.

Â : Chère Sarah, vous apprenez et grandissez. La Terre sera un jour détruite par les hommes qui l'habitent. Elle survivra, mais peut-être pas cette civilisation.

S : Y a-t-il eu d'autres civilisations intelligentes qui ont été détruites, comme l'Atlantide ou le continent Mu ?

Â : Oui, plusieurs phases ont existé sur Terre. Tu as eu quelques flashs de vies passées dans des civilisations que tu ne reconnaissais pas, où la technologie était très puissante.

Le monde a été jusqu'à une période de destruction et la création a repris. Il vous est difficile de comprendre, car nous jouons sur différents espaces-temps. Vous voyez la Terre selon une ligne temporelle, avant et après vous.

Vous avez du mal à imaginer que la Terre ait pu être plus avancée technologiquement. Vous pensez encore que les pyramides d'Égypte ont été construites à l'aide de pioches. De nombreuses études montrent à présent que ce n'est pas le cas.

De nombreuses civilisations ont existé sur Terre. Vous pouvez trouver des vestiges ou des rappels de celles-ci.

Vous avez tous vécu plusieurs vies sur Terre et parfois ailleurs. D'autres mondes sont présents, au-delà de ce que vous pouvez imaginer. L'idée n'est pas de vous effrayer, mais de vous faire prendre conscience que l'énergie est plus puissante que vous ne le pensez.

La vie existe sous différentes formes à plusieurs endroits. La Terre en est un parmi tant d'autres.

La spécificité de la Terre est sa densité. La création est plus lente et plus profonde. Le temps entre vos pensées, vos paroles, vos actions et le résultat de leur combinaison est plus lent.

Vous apprenez à vivre la patience et la confiance en ce qui EST.

S : S'il existe d'autres formes de vie ailleurs, avons-nous déjà été en contact avec elles ?

Â : Oui, vous, humains, avez eu de nombreuses rencontres dans le passé. Vos dirigeants préfèrent les garder secrètes pour préserver l'humanité. Ils estiment que les humains ne sont pas prêts à recevoir ces informations. L'âme est connectée au Grand-Tout en permanence et j'ai conscience de ce qui EST présent ici et ailleurs. Mais le transmettre à l'esprit pensant pourrait lui faire peur et partir en guerre contre une invasion fictive, que vous ne voyez que dans vos films.

Chaque étape de croissance est importante. La Terre peut être encore sauvegardée telle qu'elle EST aujourd'hui si vous renversez cette folie humaine de piller le sol, sans prendre conscience des limites de ses réserves.

S : Ces sujets peuvent en effet intriguer et faire peur à la fois. Pourquoi ne pas dire ce qui EST ?

Â : L'âme a décidé d'oublier qui elle était pour faire l'expérience de qui elle EST, entourée de ce qu'elle n'est pas. Là sont le rôle et l'expérience de vie sur Terre.

L'énergie change sur la Terre. De plus en plus de personnes prennent conscience de leur énergie divine et voient le monde différemment.

Chaque espace-temps montre un autre visage de la Terre et de vos décisions.

S : Comment contribuer individuellement à notre échelle ?

Â : Ta manière de vivre impacte le monde dans lequel tu ES. Tu as l'impression qu'une personne ne peut pas modifier la direction que le monde prend. La réponse est oui et non à la fois. Une personne peut changer, en accord avec d'autres, et transformer une mentalité.

Tu apprends à être à la fois humble et engagée. En paix tu dois être pour œuvrer avec l'énergie. Ainsi tu ES cette énergie et tu l'utilises pour honorer la vie.

À quelle cause as-tu envie de contribuer ?
Où aimerais-tu donner de ton temps,
de l'argent, ou partager de l'information ?
Fais-le depuis un espace rempli d'amour
et connectée à ton âme.
Tu contribues tout en étant en paix.

Comme tu l'as fait récemment, ton énergie et ton bien-être sont tout aussi importants que ta contribution.

Quand tu es remplie d'énergie et que tu as de la joie à transmettre, fais-le.
Si tu es fatiguée, que tes finances sont basses, prends soin de toi.

Vos religions sur Terre ont parfois été extrêmes. Elles ont appris à transmettre, à contribuer et à être dans cette entraide. Et, en même temps, elles n'ont pas incorporé le plaisir d'être en vie, le bonheur de savourer sa vie, la joie de découvrir qui vous ÊTES chaque jour.

Quand tu prends du temps pour toi et que tu dis « non » à autrui, tu as parfois l'impression d'être égoïste. Cela vient en partie des croyances ancrées dans notre société telles que « Il faut se sacrifier pour les autres ».

Quand tu te connectes à l'Unité, tu ES UN. Tu n'as pas besoin de te sacrifier pour ressentir cet état d'Unité. Autorise-toi à culpabiliser pour honorer la vie, la tienne et celle de chacun. Honore-la et écoute-toi plus souvent.

Vous, les humains, êtes connectés à toutes les informations présentes sur Terre et ailleurs. Vous êtes submergés d'informations, de conseils et de croyances.

Écoutez à présent ce qui est vivant en vous. La clé et la réponse se trouvent en vous.

À l'intérieur de vous se trouve votre âme. Elle a cette sagesse, cette connaissance et cette bienveillance que vous ne pourrez jamais trouver ailleurs car elle est directement connectée au divin, à votre source.

Évitez de chercher la réponse à l'extérieur.

Toutes les vies sont vécues simultanément. Et toutes les réponses et tous les chemins ont été expérimentés par votre âme.

Suivez-la et sentez qu'à chaque pas vous apprenez et grandissez.

S : Existe-t-il d'autres civilisations ailleurs ? Si oui, à quoi ressemble leur monde ?

Â : Cette question de curiosité ne t'aidera pas, Sarah, à vivre pleinement qui tu ES aujourd'hui sur Terre. Tu as souvent rêvé de visiter les étoiles, de découvrir d'autres mondes par le voyage astral. Ici sur Terre, vous vivez une expérience qui n'existe pas ailleurs.

Sens que ton âme s'épanouit dans ton corps sur Terre, connectée au Grand-Tout avec plus d'intensité et de densité que sur d'autres planètes.

Pour répondre à ta question, oui, il existe de nombreux mondes plus ou moins éthérés, c'est-à-dire visibles dans la matière.

Par exemple, les esprits de la nature existent sur Terre mais vous ne les percevez pas.

Si vous élevez votre niveau d'énergie, vous pouvez les voir, les sentir et les écouter. Vous pouvez même converser avec eux.

S : Lors de flashs en Nouvelle-Zélande, j'ai eu des images d'autres mondes que je ne pouvais pas reconnaître, ou des visions de vies passées où la technologie était très supérieure à celle d'aujourd'hui.

J'ai toujours douté de mes visions lors de ces flashs, si elles étaient réelles et justes.

Â : Elles sont toujours justes. Cependant, comme tu n'as pas totalement fait l'expérience de ce que tu as vu, ton esprit pensant ne peut ni le concevoir ni l'interpréter.

Laisse-toi guider par ton cœur car lui seul peut accueillir ce que tu peux voir, ressentir et parfois entendre. Et lâche ton envie de tout comprendre.

Mon intention est de vivre et de découvrir qui je suis par des expériences terrestres. Là est mon chemin. L'acceptes-tu ?

S : J'ai souvent cru que la matière et la lumière ne pouvaient pas cohabiter, qu'elles étaient trop différentes pour pouvoir vivre ensemble.

Souhaitant vivre dans un monde évolué où chaque être honore la vie, j'ai eu du mal à accepter la Terre d'aujourd'hui. J'étais en colère de ne pas pouvoir vivre dans ce monde.

J'ai compris que chacun émet sa propre lumière et que j'avais besoin d'être dans la matière pour exprimer qui j'étais, ne serait-ce qu'à travers mon corps. Je ne pouvais plus repousser la réalité sur Terre, et rester irritée des visions différentes des miennes.

En l'écrivant, je me rends compte de mon égoïsme. Je pensais détenir une vérité alors que chacun crée sa réalité.

Mon âme, que suis-je en train d'apprendre aujourd'hui ? Dois-je apprendre à avoir la foi en toi, à savourer la vie, à laisser la vie me traverser telle qu'elle est, à accueillir chaque évènement qui se présente à moi et à être en paix ?

Â : Oui, tout ça et encore plus. Il n'existe pas d'apprentissage plus important que les autres.

La vie est un chemin continu, tout comme ton apprentissage (enfin notre apprentissage). Et tu aides autrui à se le rappeler par la joie que ton être dégage et la simplicité de ton chemin.

La vie est un jeu et… on est là pour s'amuser !

Comme quand tu l'avais partagé à tes 5 ans à ton grand frère qui demandait à ta grand-mère la raison de notre venue sur Terre.

Dégage cette joie d'être en vie et un nouveau monde s'ouvrira à toi. Un monde où tu auras cette joie de vivre en chaque occasion. Quel bonheur de vivre cette joie dans un corps !

Je suis heureuse d'être avec toi Sarah. J'aime ta manière de voir le monde avec empathie, de croire que chaque être est précieux, de percevoir la souffrance derrière des plaintes ou des critiques et de prendre soin de toi un peu plus chaque jour.

Tu as vécu plus d'épreuves depuis un an que les années précédentes... et en même temps tu as grandi et appris plus vite. Tu as atteint un niveau de paix que tu n'avais jamais eu auparavant. Vois-tu le chemin ?

S : Je le ressens et je suis plus en paix. J'ai encore du chemin à parcourir et cela aussi fait partie de l'aventure.

Ma grand-mère paternelle Dadou fut une personne importante dans ma vie. C'est grâce à elle que je suis qui je suis. Elle a perdu la raison depuis cinq ans et je culpabilise de ne pas assez la voir.

Â : Je vais de temps en temps lui dire bonjour. Passe la voir quand tu viens à Paris et dialogue avec ses anges gardiens qui prennent soin d'elle. Cela t'aidera à sourire à la vie et à observer que chaque passage est une expérience unique.

Tu as avancé et tu termines bientôt un grand chapitre de ta vie. Aie foi et laisse-toi porter. Sens que tu n'es jamais seule.

Tu es toujours accompagnée par ton âme, tes anges gardiens et d'autres entités lumineuses qui te veulent du bien. Dans le silence, tu peux ressentir leur présence. Continue de méditer et d'avoir conscience de qui tu ES dans l'instant.

La gratitude est un merveilleux outil spirituel qui élève votre énergie et vous relie au Grand-Tout. La vibration d'amour, la joie, l'Unité et la grâce sont des émotions universelles qui vous aident à vous relier et à sentir la présence de l'Unité en vous.

Quand tu fais une pause et crées ce silence en toi, tu peux entendre chaque mot de ce dialogue.

Continue de t'autoriser à faire ces pauses pour te relier à moi. Dans cet instant, tout est LÀ. Tes questions s'envolent et tes doutes disparaissent. Tu es simplement là.

Accepte que la vie soit comme cet instant. Vide et plein à la fois. Sans rien attendre, tu es simplement là.

N'est-ce pas une sensation étrange et merveilleuse à la fois ?

Imagine-toi vivre cet instant éternellement ! Ce silence amène une connexion dans laquelle tu n'as pas besoin d'être quelqu'un qui a besoin de réussir. En lâchant l'envie d'être reconnue ou aimée, dans ce silence, tu ES. Tu vis telle que tu ES.

◇◇

En restant dans ce silence plusieurs fois par jour, tu agis en conscience.

◇◇

Chaque geste qui est précédé d'une pause silencieuse, chaque parole où tu t'accordes aussi une pause et bien sûr chaque pensée que tu observes dans cet espace te permettra de changer ta réalité.

Dans ce silence, même dans le cas d'acouphènes, cela t'aide à revenir dans un espace où tu peux m'entendre (ton âme), mais également chaque être vivant, que ce soit un arbre, une galaxie, un animal ou même un aliment.

S : Ce qui m'aide est de ralentir mon rythme, de marcher doucement, de parler lentement. J'écoute battre mon cœur, je me concentre sur ma respiration et je me relie à mes sens.

Je sens par exemple l'eau chaude qui coule sur ma peau le matin sous la douche, j'entends le chant des oiseaux au réveil ou j'admire un élément de la nature.

En étant focalisée sur mes sens, je reviens dans le temps présent.

Marcher et me connecter à la nature m'aident. Je sens mon corps en mouvement, mes muscles se contracter et se relâcher, et une certaine souplesse dans mes bras qui se balancent.

Je marche et je suis émerveillée par la nature, que ce soit au printemps avec les oiseaux qui chantent et les fleurs qui éclosent sur les arbres, à l'automne quand la couleur des feuilles devient orangée, jaune et marron, ou à l'hiver quand les montagnes sont enneigées. C'est comme si chaque cycle offrait une beauté devant laquelle il est possible de s'émerveiller.

Quand mes pensées fusent, j'aime écrire et poser mes pensées sur papier. Je l'ai fait de nombreuses années dans un journal. Dessiner m'aide aussi à faire le vide.

Je passais trois heures en cours de dessin et j'étais étonnée par ma patience. Je plongeais dans un état méditatif apaisant pendant le cours.

La méditation m'aide beaucoup quand je me sens perdue ou chahutée par la vie.

M'allonger aussi me fait du bien, comme si cela m'aidait à calmer mon esprit. Ne rien faire, être là et savourer le fait d'être en vie.

Mon âme, sais-tu jusqu'où arrivera ce dialogue ? Je suis curieuse de voir la suite de l'aventure. Sera-t-il publié ? Ou certains passages seront-ils partagés auprès de mes abonnés ?

J'apprends encore à lâcher mon envie de savoir ou d'imaginer comment l'avenir sera fait.

Â : Tout à fait Sarah. Fais-moi confiance et réjouis-toi à l'avance des surprises de l'Univers. Tout est créé à la fois, même si tu n'as conscience que d'une partie.

Fais-moi confiance et profite du voyage. Que tu aies l'impression d'être fatiguée, heureuse, énervée ou contrariée... savoure. Car c'est grâce à tous ces états que tu apprends à te connaître et à découvrir qui tu ES.

Tu as pu avoir dans ce dialogue des moments taquins de ma part. Je le fais avec amour car je te regarde toujours avec amour et bienveillance.

Parfois l'esprit pensant est tellement têtu que je dois insister pour que tu intègres un apprentissage essentiel pour ton évolution.

Là est la voie de la sagesse. Revenir en son centre pour observer ce que la vie nous enseigne et lâcher ce dont nous n'avons plus besoin.

CHAPITRE

6

Célébrer sa présence sur Terre

Sarah : Mon âme, pourrais-tu nous aider (moi et le lecteur) à prendre plus soin de notre corps ? Aurais-tu des conseils à nous partager ?

Âme : Le corps est un merveilleux être vivant qui a besoin d'équilibre, de périodes de repos et de mouvement, de nourriture et de jeûne.

Arrêter de manger plusieurs jours repose votre corps et le ressource. Il cicatrise plus vite, se détoxifie et se régénère plus rapidement.

Le jeûne n'est pas une méthode conventionnelle, car il n'est pas sponsorisé par vos laboratoires pharmaceutiques, qui ont de l'influence dans vos sociétés.

Consultez les études sur le jeûne et sentez si ça résonne dans votre corps.

Le corps aime être en mouvement, marcher, courir, faire du vélo, de la danse, de la musculation... Il a du plaisir à être en mouvement dans une activité physique.

Sans joie, vous le prendrez comme un effort et un devoir. Apaisez également vos émotions. Vous mangez même lorsque vous n'avez pas faim ! Vous remplissez parfois un vide émotionnel avec de la nourriture et le corps ne le supporte pas.

Soyez attentif aux moments où vous mangez sans avoir faim. En ralentissant votre rythme, vous prenez conscience de votre état intérieur physique et émotionnel et prendrez soin de votre corps. Faites-lui confiance.

Sautez un repas si votre corps n'a pas faim. Acceptez de ne pas terminer votre assiette si vous n'avez plus d'appétit.

Mangez consciemment et choisissez votre nourriture, des produits cultivés avec soin et respectueux de l'environnement.

Comment le savoir ? Si vous allez au marché, connectez-vous aux primeurs ou aux producteurs et dirigez-vous vers ceux qui ont une énergie de vie, qui sourient ou qui possèdent ce calme intérieur dont vous rêvez.

Vous pouvez vous connecter aux aliments et sentir s'ils sont justes pour vous. Ressentez dans votre corps leur influence : êtes-vous plus léger ou plus lourd ? Avez-vous un sourire sur vos lèvres ?

Vos perceptions sont justes.

Bénissez, si le cœur vous en dit, votre nourriture. Remerciez les personnes qui en ont pris soin et la nature qui en est à l'origine.

Il n'y a pas de « devoir » vis-à-vis de votre corps, simplement l'aimer et être à son écoute.

Vos pensées et vos paroles impactent votre corps. Comment prenez-vous soin de lui ?

Vos pensées sont-elles remplies de bienveillance ? Le critiquez-vous pour ce qu'il n'est pas ou lui portez-vous de la compassion ?

Parlez-lui et demandez-lui de vous guider car il est le messager de l'âme.

À travers vos perceptions, de ce que vous appelez « intuition », je vous transmets des messages. Osez être à son écoute et apprenez à mieux le connaître biologiquement. Découvrez comment il fonctionne.

N'attendez pas votre fin de vie pour en prendre soin.

S : Quels conseils pourrais-tu donner aux personnes qui aimeraient méditer ?

Â : La méditation est un espace de pleine conscience. Ton esprit pensant se calme, tes pensées diminuent et tu as plus conscience de qui tu ES dans l'instant présent.

Cet espace est sacré car tu prends conscience de ta partie divine. Tu es UN avec ce qui t'entoure.

Le silence crée cette magie. Un silence paisible, profond et vivant. Ce silence est bien sûr intérieur. Tes sens sont en éveil mais tu ne t'y attaches pas. Tu observes ce qui t'entoure, tu laisses venir les sons et tu accueilles les sensations, tout en restant centré.

Tu es à la fois le Tout et le Rien.
Tu es pleinement vivant
et présent à qui tu ES
et au monde qui t'entoure.

Méditer s'apprend. Il y a peu de cours de méditation dans les écoles. Quand un enfant regarde fixement un objet, un de ses parents risque de lui dire : « Arrête de regarder dans le vide ! », surtout s'il n'a pas l'habitude de méditer.

Comme la nature disparaît, vous perdez également cette connexion avec elle et risquez d'avoir moins de plaisir à méditer.

Amusez-vous à ralentir votre rythme dans la journée. Parlez plus lentement, faites des pauses entre deux bouchées, ralentissez vos mouvements quand vous marchez, buvez lentement de l'eau.

En ralentissant vos mouvements physiques, vous permettez à votre esprit de ralentir également. Et vous devenez plus présent à ce qui EST.

La méditation peut se pratiquer en marchant, en cuisinant, en faisant l'amour...
Vous pouvez, tout d'abord, vous entraîner en étant assis ou debout, immobile. Regardez un point fixe, les paupières semi-ouvertes pour avoir conscience des deux mondes : votre monde intérieur et le monde extérieur.

Si c'est difficile pour vous, fermez simplement les yeux. Concentrez-vous sur votre respiration. Inspirez et expirez par les narines. Focalisez votre attention sur l'air que vous inspirez et l'air que vous expirez.

Dès qu'une pensée arrive, revenez à votre souffle.

Restez immobile et le plus détendu possible. Vous pouvez avoir un appui si vous avez des douleurs de dos.

Au début, votre esprit pensant va prendre conscience de toutes ses pensées. Toutes ces pensées sont déjà présentes en vous, mais avec le bruit environnant, vous n'en aviez pas conscience.

À chaque pensée, revenez à votre souffle. Cela demande du courage, de la persévérance et de l'entraînement.
Ensuite, quand vous avez l'habitude de méditer, vous pouvez le faire en cuisinant, en mangeant, en buvant, en observant la nature...

Après chaque action, respirez et attendez. Ressentez quel est le prochain mouvement. Faites-le au ralenti et prenez conscience de ces multiples pauses intérieures. Par exemple, quand vous prenez votre verre d'eau dans les mains, vous buvez une gorgée. Attendez et observez ce qui fait sens pour vous sur le moment. Avez-vous envie de boire une autre gorgée ? De poser le verre ? Ou d'attendre encore un peu avant de vous décider ?

Si vous aimez vous promener en nature, choisissez un endroit où vous appréciez ce calme intérieur. Posez-vous et respirez. Soyez émerveillé par ce qui vous entoure et essayez d'être le plus immobile.

Vous pouvez être émerveillé par une cascade, un lac, un coucher de soleil... L'émerveillement est une forme de méditation.

Amusez-vous ensuite à marcher, vous inspirez et avancez d'un ou deux pas. Puis vous restez immobile et expirez. Inspirez, marchez, expirez, arrêtez-vous.

Faites-le pendant dix à vingt minutes et observez votre calme intérieur. Vous pouvez par la suite méditer assis ou allongé.

Être présent est une qualité que j'apprécie énormément. Tu es présent à toi, à ton environnement et aux autres sans aucun jugement. Juste être là, sans ou avec très peu de pensées. Un plaisir divin qui m'aide à me reconnecter à l'Unité.

Offrez-vous des pauses pour vous entraîner
à méditer plus souvent
et à vivre une vie plus sereine
et connectée à votre âme.

Cela demande de la pratique et de la persévérance.

S : Peux-tu partager en quoi la méditation peut changer la vie ?

Â : Vous acquérez un esprit plus calme, plus concentré et plus apaisé. Cela vous aidera à prendre de la distance sur ce que vous vivez. Vous aurez moins l'impression que les évènements sont contre vous, que votre ami a dit ça contre vous, que votre employeur a fait cela contre vous... Vous acceptez le monde tel qu'il est et choisissez l'état dans lequel vous ÊTES en vous laissant traverser par la vie.

Vous aurez aussi conscience de votre pouvoir de création. Vous êtes responsable de vos pensées, de vos paroles et de vos actions. Les pensées définissent votre manière de voir le monde et vos croyances sur la vie. Vous cocréez avec l'Univers votre réalité.

Un évènement possède plusieurs interprétations et c'est vous qui choisissez comment le vivre.

Supposons que vous ayez un accident de voiture et que celle-ci parte à la casse. Comment réagissez-vous ? Restez-vous choqué ou osez-vous demander de l'aide ? Acceptez-vous l'aide d'un médecin et célébrez-vous le fait d'être en vie ? Ou êtes-vous en colère contre votre attente aux urgences ? Retenez-vous la gentillesse de l'infirmière qui prend soin de vous ou la maladresse du médecin qui reste trois minutes avec vous ?

Où portez-vous votre attention ? Quelle couleur décidez-vous de porter ?

Accepteriez-vous de changer vos croyances sur la vie ? Faire preuve de gratitude envers le fait d'être en vie ?

Vous pouvez écrire une fois par semaine vos pensées récurrentes et, pour chacune d'elles, vous demander : « Est-ce vrai ? »

Si vous avez raté une réunion, si vous pensez ne pas avoir réussi une présentation, ou si vous avez été critiqué, quelle est votre croyance négative ? Est-ce « je suis nul » ?
Alors écrivez cette pensée et observez votre état physique à son évocation.

Puis demandez-vous « Est-ce vrai ? » en étant 100 % honnête avec vous-même. Est-ce vrai 100 % du temps ? Ou est-ce seulement votre esprit qui s'emballe et qui revient automatiquement à sa croyance négative « naturelle » ?

Prenez conscience quand votre esprit pensant est en mode « pilotage automatique ». Quand il stresse, il se met en mode « survie » et envoie ses messages au corps à travers ses hormones et là, boum ! Il est en mode « survie ».

Mais quel a été l'évènement déclencheur ? A-t-il justifié votre pensée « je suis nul » ?

Si vous n'avez pas réussi votre présentation, est-ce vraiment parce que vous êtes nul ?
Si vous arrivez en retard à un évènement, est-ce vraiment parce que vous êtes nul ?
Si une personne vous dit qu'elle ne vous aime plus, est-ce vraiment parce que vous êtes nul ?

Si vous répondez oui aux trois questions, pratiquez plus souvent la méditation pour retrouver votre centre et vous détacher des pensées automatiques surfant sur vos croyances négatives.

Choisissez votre vie intérieure afin qu'elle soit la plus joyeuse possible et la plus empathique envers vous. En vous reconnectant à moi, en vous rappelant que vous êtes ici pour l'expérience, vous apprendrez à être bienveillant avec vous-même si une personne vous a déclaré qu'elle ne vous aime plus. Vous accepterez de vous aimer d'autant plus, d'avoir de la bienveillance pour qui vous êtes...

En méditant, vous revenez en votre centre et rassurez votre esprit pensant en l'aidant à prendre de la distance sur ce qu'il vit en acceptant l'expérience.

S : Aurais-tu des conseils à nous transmettre sur les relations ?

Â : Les relations t'aident à faire l'expérience de qui tu ES, que ce soit la relation avec l'argent, la terre, ton corps ou d'autres personnes.
Chaque relation te permet de faire l'expérience de qui tu ES, et de ce que tu n'es pas.

Par exemple, ta relation amoureuse fait vibrer une source d'amour déjà présente en toi. Quand tu tombes amoureux, tu te connectes avec une partie de toi qui résonne chez l'autre.

Comme l'a précisé François Lemay, quand tu dis « je t'aime » à quelqu'un, tu lui dis « j'aime qui je suis en ta présence ».

Quand tu aimes une personne, demande-toi ce que tu aimes réellement chez elle. Puis observe cette qualité chez toi. Tu restes relié à l'autre, tout en aimant profondément qui tu ES. Si tu aimes une personne qui a de l'humour, cherche ta partie humoristique. Si tu admires une personne pour son intelligence, accepte la tienne.

Quand tu fais l'amour à quelqu'un,
tu entres en fusion avec lui.
Tu fais l'expérience de l'unité,
d'une connexion universelle,
d'une énergie que je cherche souvent sur Terre.
Tu peux aussi vivre cette unité
en étant amoureux de la vie,
en te reliant à la nature,
en écoutant une musique que tu aimes...

Il existe plusieurs chemins et aucune expérience n'est indépendante d'autrui. Chaque expérience t'aide à définir et choisir qui tu ES. Es-tu une personne qui prend soin d'elle ? Es-tu une personne qui choisit d'être connectée à sa joie ?

Ma deuxième remarque est de prendre soin de tes besoins lorsque tu choisis d'être dans une relation de couple.

En voulant être aimé d'autrui, tu peux oublier qui tu ES, quand tu penses que l'amour vient de l'extérieur.

Alors, reste tel que tu es et aie du plaisir à avancer dans la vie, en ayant conscience que tu peux exprimer ce qui est important pour toi dans toute relation.

Quels sont tes besoins les plus importants dans une relation ? Est-ce la légèreté, le partage, l'équilibre, l'authenticité, la joie, la sécurité émotionnelle, la paix... ?

Aujourd'hui, ces besoins sont-ils satisfaits dans tes relations ?

Observe simplement ce qui EST sans jugement. Ose exprimer ce que tu aimerais vivre le plus dans tes relations. Demande à l'autre ce qu'il pourrait faire pour enrichir ta vie et constate s'il a envie de contribuer à ton bien-être.

Tu peux avancer et suivre ta propre étoile, seul ou accompagné.

Tu peux choisir de continuer ou non une relation. Et ton choix, conscient ou inconscient, définit qui tu ES. Qui choisis-tu comme ami ?

Si tu souhaites vivre la joie, choisis-tu des relations qui te font vibrer de joie ?
Si tu souhaites vivre la paix et l'harmonie, tes relations sont-elles paisibles ?

Comme tu ne peux pas changer autrui, tu peux juste lui montrer un chemin, libre à lui de le choisir consciemment ou inconsciemment.
Les membres de ta famille peuvent t'aider à grandir et à évoluer. Tu peux néanmoins être en paix dans ton cœur avec eux et choisir de ne pas les fréquenter.

L'état intérieur que tu choisis de vivre peut te servir de cap.

Tu peux rester en paix à côté de personnes stressées, irritées ou en colère contre la vie. Tu peux te sentir bien là où tu es sur Terre.

S : J'ai aimé apprendre et m'entraîner à la Communication NonViolente de Marshall Rosenberg. Car cela m'a aidée à exprimer mes besoins et à en prendre soin. J'ai appris à demander sans exiger. Je continue d'apprendre et d'oser m'exprimer, tout en honorant le destin d'autrui.

Peux-tu partager à nos lecteurs comment être plus proches de leur âme ?

Â : Tu l'enseignes Sarah. Partage-leur tes découvertes.

S : La première étape est de se centrer, de faire le vide pour se relier à son âme.

Nos pensées rendent plus difficile la réception des messages de notre âme.

J'écris un livre sur le sujet de la paix intérieure.

À 21 ans, j'ai vécu une crise pendant quelques mois. Je sortais d'une relation de quatre, cinq ans, j'avais fini mon apprentissage en marketing et j'avais quitté mon appartement... pour retourner vivre chez mon père.

J'étais vraiment perdue, touchée par ma séparation qui a fini violemment. Je doutais de mon avenir professionnel en tant que chef de produit marketing et surtout j'avais l'impression de vivre dans un épais brouillard.

Chaque jour, j'avais des milliers de questions et je n'arrivais plus à appréhender clairement mon prochain pas. Il m'était difficile de vivre sans pouvoir me projeter les jours suivants.

Mon père m'écrivait des messages de toi, mon âme, chaque matin.

Et c'est là que j'ai compris que si je voulais, moi aussi, pouvoir t'entendre, je devais calmer mon esprit pensant.

Mes pensées, mes doutes, mes inquiétudes m'empêchaient d'être en lien avec toi, de ressentir ta présence et de recevoir des messages visuels ou auditifs.

Là a été le début d'un nouveau chemin, que je continue de parcourir avec plus de légèreté : le chemin de la paix intérieure, de ne pas laisser les évènements extérieurs me bousculer, et de réussir à revenir dans cet espace de paix. Quand on a commencé à goûter cette saveur de paix, on en redemande !

Je médite, je marche dans la nature quasiment tous les jours, j'écris mes pensées, je ralentis mes mouvements, j'observe mes réflexions et me rassure quand je le peux, j'ose demander de l'aide, je fais du sport, je me fais du bien, je fais des pauses, je respire en conscience...

Il existe de nombreuses possibilités pour calmer son esprit et chacun peut ressentir ce qui fonctionne le mieux pour lui.

La deuxième étape est de formuler sa demande à son âme. Les questions de curiosité commençant par « pourquoi ? » sont inutiles. Il est préférable de débuter sa question par « comment puis-je... ? » ou « mon âme, aide-moi à... » et poser une question concrète, personnelle, actuelle, positive et orientée solution.

Par exemple :
« Comment puis-je être plus en paix dans ma vie ? »
Ou « Mon âme, aide-moi à vivre ce rêve d'aller nager avec les dauphins ».

La troisième étape est de recevoir.
Vous recevez les réponses de votre âme à travers les cinq canaux de perception :

- *Visuel : vous recevez un message sous forme d'une couleur ou d'une image fixe ou animée.*
- *Auditif : vous entendez un silence plus profond, une musique, un chant ou un mot.*
- *Kinesthésique : vous ressentez des sensations physiques comme des chatouillis, des picotements, des frissons ou une chaleur dans une partie de votre corps.*
- *Olfactif : vous sentez une odeur.*
- *Gustatif : vous percevez un goût.*

Chacun a son canal privilégié. Peut-être, en réponse, allez-vous avoir des images furtives, ou une sensation de picotement dans les mains. Accueillez et observez sans vouloir décoder dans un premier temps.

Plus l'esprit est calme, plus les messages, sous forme de perceptions, sont clairs.

J'aime bien utiliser le mot « halluciner » pour ouvrir son esprit le plus possible et accueillir ce qui EST. Quand l'esprit doute, en l'autorisant à halluciner, vous découvrez votre intuition.

La quatrième étape est d'avancer.
Avoir le courage de suivre ses rêves et de se tromper fait partie du chemin. C'est comme si vous partiez à l'aventure,

en sortant de votre zone de confort (ou de confiance), vous découvrez pleinement qui vous ÊTES sur votre chemin.

La bienveillance, l'amour de soi et le rire nous aident à avoir confiance en nous et en ce qui nous guide. Ayez ce courage d'avoir confiance en la vie et d'explorer de nouveaux horizons. C'est dans ces moments-là que vous apprenez le plus.

La cinquième étape est de célébrer.
Chaque expérience nous aide à grandir et à évoluer. Notre âme apprend à travers les expériences. S'offrir un temps de recul chaque jour pour célébrer la vie et faire le deuil de ce que nous aurions voulu avoir et que nous n'avons pas eu.

Le deuil et la célébration sont très proches, comme les deux facettes d'une même pièce, car ils conduisent tous les deux à honorer la vie et notre apprentissage.

En formant d'autres personnes à se relier à leur intuition et à recevoir des messages de leur âme, j'ai découvert ces cinq étapes. J'ai eu le plaisir d'écrire mon premier livre sur ce sujet, Les 5 Portes de l'intuition.

Une grande partie de ma vie, j'étais intéressée à vivre ma mission de vie, j'avais l'impression de ne pas vivre ma véritable vie, d'être sur un autre chemin.

J'étais en lien avec toi et j'arrivais à recevoir des messages de ta part depuis mes 22 ans, mais c'est seulement à 30 ans que je sentais que mon chemin était juste.

J'avais envie de contribuer au bien-être d'autrui et d'accompagner d'autres personnes à se connecter à leur âme.

Et jusqu'à ce moment-là, je me sentais à côté de ma véritable vie.

Avec le recul aujourd'hui, je voulais surtout donner un sens à ma vie et utiliser mes dons pour contribuer.

Aujourd'hui, j'apprends et je grandis. Je n'ai plus envie de vivre ma mission de vie, simplement de rester le plus connectée à toi et de voir ce que la vie me propose de vivre comme expériences.

Que pourrais-tu partager sur la mission de vie ? As-tu une mission particulière en plus de faire l'expérience de qui tu ES ?

Â : Bonne question ! Le fait de se la poser permet une ouverture d'esprit, de sentir que nous sommes là pour une raison, aider les personnes à se dépasser, à se relier à leur âme et à voir en plus grand ce qu'elles aimeraient vivre ou accomplir avant de mourir.

Cela met en perspective et vous permet de ressentir ce qui est juste ou non. Si une règle est très présente dans votre société, au sein de votre famille ou de votre culture, il vous sera difficile au début de ne pas la suivre, sous peine de culpabiliser.

Vous serez loyal à cette règle pour remplir un besoin d'appartenance, même si cela ne correspond pas à vos valeurs, à vos talents et à la célébration de la vie.

Certaines règles sur Terre n'ont aucun sens. Elles sont même parfois contre-productives et vous empêchent de faire l'expérience de qui vous ÊTES. En particulier, celle de devoir se sacrifier pour autrui.

Quand vous suivez un chemin ne correspondant pas à votre idéal de vie, la première étape est d'en prendre conscience, de prendre conscience que vous ne vivez pas en accord avec la vie.

Dans ces moments, j'apprends aussi. En découvrant qui je ne suis pas, je fais l'expérience d'être proche de qui je suis… Si je change de chemin.

Vous n'êtes ni votre personnalité ni votre ego. Je parle bien sûr de votre âme, pure énergie qui change à chaque instant.

Parfois, la rigidité de votre esprit pensant vous empêche de redéfinir qui vous ÊTES. Alors que vous êtes toujours en évolution et en changement, tout comme votre corps qui change tous les jours.

Évitez de poser des certitudes sur qui vous ÊTES, en vous fondant sur le passé. Laissez vos pensées à propos du passé et concentrez-vous sur l'instant. Évitez de vous enfermer dans une vision du passé ou dans vos projections de ce que vous aimeriez être dans l'avenir.

Soyez conscient que votre manière de voir qui vous ÊTES et le monde qui vous entoure vous empêche d'être qui vous ÊTES sur l'instant.

◇◇

En restant attaché à l'histoire passée,
celle que vous vous racontez
à propos de vous-même,
vous ne pouvez pas accueillir
ce qui se passe dans l'instant.

◇◇

Est-ce clair ?

S : Oui ! Je me suis rendu compte qu'en disant que j'étais hypersensible et que je ne pouvais pas digérer tel ou tel aliment, mon corps l'a intégré comme étant vrai.

Pendant six mois, il n'arrivait plus à digérer de nombreux aliments. Je me connectais à l'aliment et ressentais d'où il venait, qui l'avait produit... Et parfois je n'arrivais pas à digérer du riz, car je ressentais de la souffrance, de la douleur et de la tristesse en me connectant aux personnes qui l'avaient cultivé.

J'ai modifié mes pensées et mes paroles sur ma sensibilité. Maintenant, je peux remanger de tout... et mon corps digère des aliments que je ne pouvais pas auparavant.

Je continue d'être attentive à ce que je mange, tout en ayant conscience que mon corps a la capacité de tout digérer.

Mais quel est le rapport avec la mission de vie ?

Â : Tu crées ta propre réalité. Tu cocrées avec l'Univers. En ayant conscience que tes pensées et tes croyances sur le monde changent ta réalité, tu peux revenir sur ce chemin dont tu parlais.

Et en même temps, le fait de se perdre vous aide parfois à vous retrouver. Après un changement de travail, un déménagement, un divorce, une maladie, une prise de conscience surgit et vous aide à changer de direction.

Amusez-vous à écrire vos pensées et observez où elles vous emmènent. Soyez authentique.

Si vous avez l'impression de ne pas être sur le bon chemin, de ne pas vivre votre mission de vie, revenez à la base de votre raisonnement. Que manquerait-il ? De donner du sens à votre vie ? De vous sentir en paix ? De cultiver la joie ?

Vous avez le choix d'accueillir ou de rejeter ce que la vie vous propose comme expériences, de suivre ou de ne pas suivre la règle.

Et même dans les moments les plus difficiles, vous avez le choix de vivre l'état intérieur que vous souhaitez. Posez votre intention, alignez vos pensées, vos paroles et vos actions, et vous cocréerez cette énergie avec l'Univers pour qu'elle devienne réalité.

Cette source de joie, de paix, d'amour se trouve toujours en vous, peu importent les évènements extérieurs.

Tu as senti cet alignement lorsque tu t'es lancée en entrepreneuriat car tu donnais du sens à ta vie. Tu aurais pu vivre un autre chemin de connexion avec moi, tout en donnant ce sens à ta vie.

Vous avez toujours le choix, même si vous pensez ne pas l'avoir eu à de nombreuses occasions. C'est le sens du libre arbitre.

L'esprit pensant aime avoir des réponses simples et courtes. Je te propose de vivre un autre chemin, celui de l'aventure.

Quand tu es dans cette écoute intérieure, quand tu te reconnectes à moi et à l'Unité, tu te rappelles que la vie est une source d'apprentissage. Que tu es venue pour apprendre à découvrir qui tu ES à travers les expériences.

Je te montre un chemin fondé sur ce que j'aimerais apprendre et vivre. Quand tu es dans cette présence, tu es alignée sur moi et le Grand-Tout.

Plus tu es dans cette qualité de présence, plus tu es en harmonie avec l'énergie en toi et autour de toi.

Reste centrée sur ce message : sois de plus en plus présente à ce que tu fais et respire. Tu peux avoir du plaisir à vivre sur Terre et à dire « oui » aux épreuves.

Même si ton esprit pensant n'aimerait en avoir aucune... vois-le comme un cadeau, une occasion pour moi de grandir et d'évoluer.

Aie confiance et souris. Tu l'as dit à ta grand-mère quand tu étais enfant : « On est là pour s'amuser ! »

Fin

Âme : C'est ici que s'achève notre premier dialogue. Il y en aura d'autres Sarah, que ce soit avec moi, tes anges gardiens, tes guides, des animaux et même pourquoi pas Dieu lui-même.

Sarah : Neale Donald Walsch a déjà écrit de merveilleux livres sur le sujet.

 : La Source, l'Énergie divine, Dieu, appelle-le comme tu le souhaites, parle à chacun. Plusieurs messagers ont besoin d'être présents pour partager simplement des enseignements divins.

Faites-vous confiance en votre âme qui vous parle chaque jour. Toute personne sur Terre canalise à un moment de sa vie avec une idée, une intuition, une création... C'est votre âme et/ou Dieu qui vous parle.

Acceptez de lâcher des parties de vous-même sur le chemin. Si cela vous heurte, vous blesse ou vous irrite, cela signifie qu'une partie de votre ego ou de votre esprit pensant garde encore des croyances inutiles.

Je vous souhaite de voir la beauté dans le cœur de chacun et de constater que derrière chaque critique se trouve un cœur qui souffre.

Marshall Rosenberg, fondateur de la Communication NonViolente, avait ce don de voir en chacun un être vivant doté d'une qualité de cœur incroyable. Il a appris à des milliers de personnes à oser exprimer ce qui était vivant en elles et à voir la beauté des besoins chez les autres.

Apprenez à vous aimer tel que vous ÊTES et à oser dire « oui » à cette lumière en vous.

Comment ? Accordez-vous des pauses pour faire le vide et vous relier à votre âme. Dans cet espace, tout est connecté.

Rappelez-vous que chaque être vivant apprend et avance sur son chemin. Honorez la vie en vous avant de contribuer à autrui. Soyez patient avec vous-même et rempli de bienveillance pour ce que vous vivez.

Vous êtes un être merveilleux et votre âme est heureuse de pouvoir, à travers moi, dialoguer avec vous. Car bien sûr,

Sarah fait partie des paramètres de l'équation dans mes exemples.
Mais je vous parle à vous aussi, cher lecteur. Ce dialogue est pour vous. À chaque instant, votre âme vous parle. Elle n'a pas besoin que vous soyez un médium pour vous parler.

Écoutez-la plus souvent.

◇◇◇◇◇◇◇◇◇◇◇◇◇◇◇◇◇◇◇◇◇◇◇◇◇◇◇◇◇◇◇◇◇◇◇◇◇◇◇

Installez-vous dans un endroit calme.
Concentrez votre attention sur votre respiration
et demandez-lui à voix haute :
« Mon âme,
aide-moi à ressentir ta présence. »

◇◇◇◇◇◇◇◇◇◇◇◇◇◇◇◇◇◇◇◇◇◇◇◇◇◇◇◇◇◇◇◇◇◇◇◇◇◇◇

Attendez un peu et laissez venir une sensation : une chaleur, un picotement, un frisson, une détente...

Puis accueillez une image ou une couleur de sa part. Enfin, laissez venir à vous un son : un silence, un chant, un mot.

Entraînez-vous et prenez-le comme un jeu. Votre âme vous parle à chaque instant.
Autorisez-vous à l'écouter et à faire confiance en vos perceptions.

S : Mon âme, je n'ai pas envie que ce dialogue prenne fin. C'est si bon de te parler et d'entendre tes réponses. J'ai envie de découvrir à chaque fois comment notre dialogue continue.

Â : Je sais que tu n'aimes pas les fins et que tu es souvent triste de quitter une personne que tu aimes ou un lieu dans lequel tu te sens bien. Accepte que chaque chapitre ait un début et une fin.

Tu peux toujours entamer un nouveau dialogue avec moi... ou découvrir une nouvelle aventure avec une autre connexion divine.

Avec quelles entités lumineuses aimerais-tu échanger ?

S : Je ne sais pas encore. J'aimerais tester d'écrire à Dieu et aux anges gardiens. Je verrai ce qui m'appelle le plus. Ce fut un vrai plaisir de me laisser porter et d'amplifier encore plus notre connexion.

Â : Qu'as-tu observé comme changements depuis le commencement de ce dialogue ?

S : Je pense que j'ai changé ma manière de voir le monde et les épreuves de ma vie. Je me plains moins quand un évènement est différent de celui que j'aurais aimé vivre.

Alors, je vois une occasion de grandir et d'évoluer, comme si tout était parfait pour réaliser une expérience au bon moment.

J'accueille plus le changement dans ma vie, comme si chaque étape était un cadeau.

Je vais continuer d'apprendre à revenir dans le temps présent, à ne pas désirer une vie différente de ce qu'elle EST.

J'ai également appris à voir mon potentiel, mes dons ou mes capacités comme un choix effectué avant ma naissance. Ma sensibilité est parfois un cadeau et à certains moments un défi.

J'accueille un peu plus chaque évènement et mes réactions, mes hauts et mes bas.

Je suis heureuse et remercie la chance que j'ai de t'avoir et de pouvoir communiquer avec toi.
Merci pour ce dialogue !

Épilogue

Cher lecteur, merci d'avoir lu jusqu'au bout ce livre canalisé, ce dialogue avec mon âme. J'espère que vous retiendrez et pratiquerez des clés pour enrichir la relation avec votre âme, vos vies antérieures et vos expériences de vie sur Terre.

J'aimerais fêter avec vous cette aventure. Vous pouvez partager vos retours et préciser les passages qui vous ont plu, ce que vous avez appris ou redécouvert sur vous-même afin de célébrer les cadeaux que la vie nous propose.

Index

Bibliographie

- Michel Diviné, *Communication bienveillante*, Éditions Jouvence, 2014.
- François Lemay, *Tout est toujours parfait*, Éditions Le Dauphin Blanc, 2017.
- Marshall Rosenberg, *Les mots sont des fenêtres*, Éditions La Découverte, 2016.
- Francine Shapiro, *Dépasser le passé*, Éditions du Seuil, 2014.
- Neale Donald Walsch, *Conversations avec Dieu*, *Retour à Dieu*, *L'amitié avec Dieu*, Éditions Ariane, 1997, 2000 et 2006.

À propos de l'auteure

Sarah Diviné est médium et formatrice.

Elle accompagne des milliers de personnes à développer leur intuition, dialoguer avec leur âme et suivre leur chemin de vie, à travers des programmes en ligne, des lectures d'âme ou des ateliers en présentiel un peu partout en Europe.

Elle est l'auteure des *5 Portes de l'intuition*, de *Carnet de dessins intuitifs*, des Oracles magiques *Âme*, *Esprit de la nature*, *Mission de vie*, *Arbres*, *Animaux totems*, *Amour* et des coffrets *Âme*, *Guides* et *Enfant intérieur*, Éditions Le lotus et l'éléphant.

Venez découvrir son univers sur :

https://happy-turtle.fr

Composition et mise en pages
Nord Compo à Villeneuve-d'Ascq

Achevé d'imprimer en octobre 2024
sur les presses de la Nouvelle Imprimerie Laballery
58500 Clamecy
Dépôt légal : octobre 2024
N° d'impression : 409822

Imprimé en France